講談社文庫

トラウマ

あなたが生まれてきた理由

江原啓之

講談社

トラウマ あなたが生まれてきた理由 もくじ

人間関係のトラウマ

思考のトラウマ

行動のトラウマ

恋愛のトラウマ

結婚のトラウマ

子育てのトラウマ

家族のトラウマ

職場のトラウマ

外見のトラウマ

お金のトラウマ

SEXのトラウマ

人生のトラウマ

現代のトラウマ

トラウマ　あなたが生まれてきた理由

はじめに　本書が生まれた理由

15年間行ってきた個人カウンセリング、そして「スピリチュアル・ヴォイス」「スピリチュアル・タイム」といった公演での公開カウンセリングで、私はたくさんの相談を受けてきました。そのなかでも、「私はどうして生まれてきたのか」「生まれてきた意味を知りたい」という質問をよくされます。「前世は何か」「どこの誰だったか」といったことを気にする人もなかにはいるかもしれませんが、それよりもむしろ、「どうして今の自分があるのか」を知りたいと感じている人が大半であったように思います。

今回「トラウマ」というテーマで書くことにしたのは、実は皆さんそれぞれに、せっかく「オリジナルの人生」を生きているはずなのに、自分自身の学びを受け入れることができず、不平不満を抱いている人があまりにも多いと感じたからです。

この本のなかでいう「トラウマ」というのは、心理学や精神医学的な面でいうものとはかけ離れているかもしれません。スピリチュアルに見れば、「トラウマ」というのは「思いぐせ」。要するに、自分自身のなかでつまずいたと思っていることや心の傷を得たと思っていることが、思いぐせとなっているのです。それを細部まで見つめていくと、その裏にある「生まれてきた理由」がわかり、そしてそこから何を学ぶかということも見えてくるでしょう。

皆さんからいただくお手紙のなかには、悩みが切々と書かれたものや「私はこんなにつらい思いをしてきたのに、誰もその気持ちをわかってくれない」と半ば愚痴《ぐち》のような感想が書かれたものもあります。そうした段階にある人は、まだ前向きにトラウマを乗り越えようとしていない状態で、私に「なぐさめてほしい」のでしょう。そうした気持ちのときには、私が何を言っても響かないでしょう。火に油かもしれません。トラウマというのは、他人が解決する問題ではなく、たとえどんなに時間がかかったとしても、その人が自分自身で乗り越えていくしかない問題なのです。この本を、「前向きになりたい」という気持ちで読み進めていたとしても、途中で「厳しいな、私の気持ちをわかってくれていないんじゃないか」と思うこともあるかもしれません。そう感じることがあったら、「自分はまだ癒してもらいたいという段階で立ち止まっているんだな」と受け止めてもらえたらと思います。

そんなふうに、「私のことをわかって！」という気持ちがまだ強いときは、無理に読み進めなくてもかまいません。人生のなかで、ときを経て何度も何度も読み返して、自分の心境がどう変わっていくかを見つめてください。やがて、土が水を吸収するように、ここに書かれた言葉があなたのたましいに届くときがきます。そして、そのときこそ、あなたが自分自身のトラウマに向き合い、克服できるときなのです。焦ることはありません。

なぜ「トラウマ」になるのか～宿命という素材を受け入れる～

挫折や失敗をしたことが、すべて「トラウマ」となる訳ではありません。「トラウマ」になってしまうものと、受け流すことができるものがあるのは、なぜなのでしょうか。そもそも、どうして「トラウマ」になってしまうのでしょう。結局のところ、トラウマと受け止めるかどうかは、その人しだいです。もっと言えば、人は、自分自身のなかにあるものしか気にならないのです。

たとえば、会釈の仕方ひとつでも、人によって受け止め方は違います。自尊心の強い人の場合、会釈が丁寧でないだけでカチンとくるかもしれません。でも、頓着のない人からすると、「ようっ!」などと軽い調子で声をかけられても別に何とも思わないでしょう。トラウマもそれと似ていて、たとえば、「目つきが悪い」ということをトラウマと思うか、個性的でいいと感じるかは、結局その人の受け止め方、心の問題なのです。

あるいは、こういうふうに考えるとわかりやすいかもしれません。あなたが、朝慌てていて適当な服を選んで外に出たとします。街に出てウインドーに映った自分の姿を見て「変だ」と気づいた後、あなたならどう感じるでしょうか。「コーディネイトがおかしいけど、しょうがないか」と思うか、「いや、絶対みんなに変だって思われてる」と感じるか。後者の場合も、実際には周りの人は気にもとめていないことがほとんどですが、本人が「変だ」と感じ始めると、そうとしか受け止められなくなるのです。要するに、トラウマというのも、本人が気にしすぎている、という一面があります。けれども、裏を返せば、それほどまでに気になるというのは、そこに「たましいの学び」がある、ということでもあるのです。たましいの映し出しとして、そのトラウマがあるのです。トラウマや思いぐせは、あなた自身を見つめるための「鏡」なのです。

私はこれまでにも、「トラウマが消えない。どうしたらいいでしょうか」といった相談をたくさん受けてきました。しかし、それは、たとえ霊能力者の私であっても、代わりに解決してあげることはできない問題なのです。悩み事が解消したとき、「先生のおかげです」と言われることもありましたが、私はいつも「それは私ではなく、あなたが解決したんですよ」と答えていました。私が仮にどんなアドバイスをしたとしても、その人自身が自分の課題を受け入れ、乗り越えていないと結果には表れないものだからです。

自分の課題を受け入れることは、言い換えれば、自分の宿命を受け入れることでもあります。宿命とは、生まれた国や時代、性別など、生まれながらに選んできたもので、変えることのできないもの。料理にたとえれば、〝素材〟にあたるものです。どんなたましいも、その人だけのオリジナルの素材を持ってこの世に生まれてきたのです。トラウマというのも、素材の個性です。実際の料理でもそうだと思いますが、素材の個性を見つめなければ、料理はできません。れんこんという素材なら、まずあく抜きをするとか、大根ならば土を洗い流すなど、料理をする前に、その個性を理解して、受け入れていかないことには、味付けもできないのです。

私のトラウマ

こんなふうにお話ししている私にも、もちろん、トラウマはあります。人生のなかで一貫した課題、つまずきがあるのです。だいたい私の問題は、いつも「優柔不断」という課題となって表れます。よく言えば「お人よし」、悪く言えば「小我」(自己中心的)なんでしょうね。たとえば、人と話すときも、「こういうふうに言ったら相手に嫌な思いをさせるかな」と考えるのですが、その裏に、「自分自身が嫌われたくない」という思いがあるのかもしれないと分析するのです。根底にあるのが「大我」(相手を想う愛)でないと、結果的に相手を甘やかすことになったり、「もっとしてくれないと」と逆恨みになって返ってくることもあるのです。仕事でも、「今回は辞退しよう」と思って一度断ったものでも「何とかお願いします」と言われると、「そうまで言ってくださるのなら」と本意を翻して受けて、あとあとちょっとした問題が起きて相手とうまくいかなくなった、といったことが幾度となくありました。そうした場合でも、私は相手のせいだとは思いません。要は、根底に自分の小我があったのですから、「私も悪かったな」と受け止め、反省するだけです。こうした「優柔不断さ」からくる問題は、本当にこれまでの人生でたくさん味わってきました。

ほかにも、自分の小我を感じることはたくさんあります。たとえば、私は子どものころから、目上の人から引き立ててもらうことが多かったのですが、その人のなかに「この人は！」と感じる部分があるから、私も一所懸命その人から学ぼうとしたのです。反面、「この人は！」と感じられないと、そういう行動をとらないという極端なところがあります。こうしたつき合いかたをしていると、ある人からは目をかけてもらえるけれども、一方からはねたまれたり、足を引っぱられたり、と人間関係において、私は本当に波瀾万丈に学ばせていただいたのです。

先天的トラウマ、後天的トラウマ

トラウマを分析すれば、いわゆる前世をはじめ、たましいの傾向というものが見えてきます。赤ちゃんを見ていてもわかると思いますが、子どもでも個性がまったく違い、持って生まれた何か、というのは必ずあるものなのです。トラウマということで言えば、赤ちゃんのころから、これという原因はないのに水が嫌いとか狭いところが怖いとか、苦手としていることを見つめると、そのなかに「前世」の経験によってたましいに植えつけられている思いぐせがあることもわかります。

一方、生まれてから何かの原因によって起こる後天的なトラウマもあります。前世に起因はしていないとしても、同じように、そのトラウマが示してくれる「苦手なこと」とは、あなたのたましいがこの現世で乗り越えていかなければならないカリキュラムです。後天的なものであっても、意味もなく起こっている問題は、ひとつとしてないのです。問題を謙虚に見つめていけば、そこからも、あなたのたましいが生まれてきた理由が見えてくるはずです。トラウマとなる出来事とは、あなた自身を等身大で見つめ、謙虚に受け入れていくためのひとつのきっかけとも言えるかもしれません。

先天的なトラウマにしても、後天的なトラウマにしても、それを乗り越えられれば、たましいにとって大きなプラスになることは間違いありません。トラウマを克服できて、その問題では悩まなくなったとしても、あなたのなかには、残るものがあります。それは、〝優しさ〟〝思いやりの心〟です。同じようなトラウマで悩む人の気持ちがわかるあなたになれるのです。トラウマを消そうとするのではなく、受け入れていくこと。それができれば、人としての優しさにつながり、ひいてはそれが、人間的な深みにもつながっていくでしょう。ですから、トラウマは悪いものなのだととらえないでほしいのです。

トラウマや思いぐせを分析すると、たましいの流れや前世も見えてきます。そして、「なぜ生まれてきたのか」という理由も見えてくるでしょう。私の守護霊は、かつて私にこんなメッセージをくださいました。「悟りとはいと高きところにあるばかりではない。ぬしの周りにたくさんある。そのひとつひとつを悟っていくとやがて大きな悟りとなる」と。トラウマは誰の心にもあり、それもひとつではないかもしれません。しかし、そのひとつひとつを受け入れていくことができれば、それがやがて、悟りにもつながるのではないか、と思うのです。悟りというもの自体、言葉を換えれば、「自分のトラウマに向き合うこと」なのかもしれません。

あなたの「トラウマ」は、たましいがこの世に生まれてきた理由を教えてくれます。これから、さまざまなトラウマをとりあげながら、生まれてきた理由をひもといていきたいと思います。生きていく意味を見失ったとき、人生につまずいたときに、この本があなたの内観の友となれば幸いです。

文庫版まえがきにかえて

スピリチュアリズム、霊的真理を伝え続けて、おかげさまで30年を超え、世に送り出した書籍はゆうに100冊以上。そして、2009年に刊行した『トラウマあなたが生まれてきた理由』もこうして文庫化の運びとなり、より多くの人のもとに届く機会を得て、嬉しく思っています。

ただ、長く活動を続けているからこそ、歯がゆい思いもあります。スピリチュアルな世界に関心が集まり、私の活動がクローズアップされたのは、2000年。「江原さんの本を読んで救われました」と言ってくださる方も、ちょうどミレニアムを境に増えた印象があります。

早いものでそこから20年の歳月が流れましたが、真に深い理解に至っているのかというと、疑問が残ります。現に、世間には人々の依存心を助長させるご利益《りやく》主義があふれています。私は「物質的価値観よりも霊的価値観が大事」と一貫して伝えて参りましたが、いまだに「こうすればすぐ幸せになれる」と謳《うた》うものに飛びつく人が多いのです。

そうしたインスタントなものにすがっても、幸せにはなれません。それどころか、本当の幸せが何かさえ見失っているのが、今という時代だと思うのです。詳しくは、文庫版のために新たに書き下ろした「現代のトラウマ」の章で触れますが、心が満たされていないために、自ら招いている不幸がたくさんあります。

私は、この世で不幸になる三悪として、「自己憐憫《れんびん》」「責任転嫁」「依存心」を挙げています。トラウマをかかえている人を分析すると、やはりこの三要素がありますす。特に、「こんな重いトラウマを持っている私、かわいそう」と自己憐憫に陥っていると、絶対に幸せにはなれません。トラウマは、自己憐憫の対象ではなく、成長を遂げるための大事な教材。そこに必ず「自分を磨けるモト」があるのですから、本当の幸せを掴《つか》み、成就を迎えたいのなら、自分のトラウマから目をそらさないでほしいのです。

今回新たに加えたトラウマは、ある意味で、現代を生きるみなさんに通じるトラウマ。ですから、彷徨《さまよ》っているすべての人に読んでほしいと願ってやみません。

ところで、私は単行本『トラウマ』のあとがきで、「地震」や「死」のトラウマについてはまたの機会に……と明言を避けていました。くしくもその後、大地震が起こり、さらには世界的規模で疫病が流行するなど、数多《あまた》の試練に直面しました。今なお、恐怖や不安で苦しんでいる人もいるなか、こんなふうに言うと不謹慎かもしれません。けれど、警鐘として、誤解を恐れずに申し上げます。

「有事が起きて〝強制リセット〟されたら、何か大きく変わるんじゃないか」

こんなふうに、心のどこかでさらなる有事を心待ちにする人たちの念を感じるのです。これぞまさに「依存心」の塊。仮にそれで何か変わったとしても、当然その分の「負」がついてきます。そんな形で代償を払って大転換を望むのは、愚かなことです。

今さえよければいい、自分さえ安全な状態にあれば他人はどうでもいい。そういう〝愛のない人〟を最近、あちこちで見かけます。こういう人は、実は現実を直視するのが怖いだけ。そこにトラウマがあるのですが、逃げて見ないふりをしています。でも、永遠に目を背け続けるわけにはいきません。いつか壁にぶつかり、立ち止まるときが必ず来ます。そのときは、自らのトラウマを見つめて、逃げずに向き合ってほしいと思います。人はいつからでも生まれ変われる。そのことは、絶対に忘れないでください。

一方、常日頃から地に足をつけ、自分を見つめることを意識して生きている人にとっては、現代は〝生きにくい時代〟かもしれません。「今さえよければいいんだ」と好き勝手している人のほうがうまく世渡りしているように思え、「なぜいつも自分はこうなのか……」と気に病むこともあるでしょう。正直者が馬鹿を見て、損をしているように思えても、自己卑下はしないで。心の軸がわからなくなったときは、本書で葛藤の奥にあるトラウマを探ってください。自分が生まれてきた理由がわかり、前向きになれます。

自分の足元を見つめ、地に足をつけて生きる人と、「今さえよければいい」と現実逃避する人。二極化した時代を私たちは生きているのです。この同じ時代に生きる同志として、つくづく思うのは、「ひとつのことを成し遂げるには、一生では足りない」ということ。正直、あと何回か生まれてこなければ、到底無理だろうとも感じます。

私もあなたも、つかの間この現世にやってきた旅人。また次へとバトンをつないで、たましいの旅は続きます。どんなに長生きしてもたかだか100年ほど。あっという間です。たましいの視点で見れば、本当に短すぎる人生です。この旅ならば、存分に駆け抜けてから、ふるさとに戻ってはいかがでしょうか。この旅の主人公は、今のあなたです。「なくて七癖」と言うように、前世を含めた〝たましいの旅〟から生まれたトラウマは、あなたにもあるはず。もし、何か重い荷物になっているトラウマがあるなら、ここでおろしてください。この一冊をあなたの旅の〝地図〟にして、人生の途中で迷ったら、何度でも読み直していただければ幸いです。

2020年9月　　　　　江原啓之

人間関係のトラウマ

トラウマ1

ちょっとした言葉にへコんでしまう

「ちょっと太ったんじゃない?」「顔が疲れてるね」
そんな一言で、気持ちがどんより沈んでしまうのはなぜ?

人の言葉に傷つきやすかったり、ささいなことで落ち込むたましい。それは、皮膚にたとえれば、生まれたての赤ちゃんと言えるでしょう。赤ちゃんの肌はすごく繊細で、かぶれやすいものですよね。それと同じで、人から何か言われて気に病むたましいは、まだ強さに欠けている状態なのです。けれども、皮膚も大人になるにつれてしだいに強くなっていくものですが、それと同じで、たましいも〝大人〟になれば、ちょっとやそっとのことでは傷つかなくなっていくのです。ですから、傷ついてしまうということは、まだ幼さがあるのだと自覚することが、トラウマを癒す第一のステップと言えるでしょう。

こうした幼いたましいは、比較的波瀾の少ない前世を経験していて、朗らかに暮らせていたのです。言うなれば、たましいが無菌室にいたようなもので、安心できる環境のもとで保護されてきたのでしょう。そんな状態から、この時代に生まれてきたのですから、当然そのギャップには驚くはずです。しかし、**あなたのたましいは、その〝弱い部分〟を鍛えるために、あえてこの時代、この国を選んできました。温かく守られている状態から、苦しみも悲しみもふんだんにある波瀾の多い環境を選んできた。ある意味とても勉強熱心なたましいです。**たましいは何度も生まれ変わりながら、少しずつ成長していくものですが、その永遠の尺度で見たら、あなたのたましいは今ようやく「青春時代」を迎えたところ。実際の青年期も、反発したり、落ち込んだり……と感情の波が激しい時期ですが、たましいの青春時代もまた、感情面での波を味わいながら学んでいくのです。

たましいを成長させるためにも、理性的に自己分析する目を持つことが大切です。実は、ほめられたい気持ちが裏にあるから、落ち込んでしまいやすいところがあるのです。「自分がよく思われたい」という心も隠れています。少し厳しく聞こえたかもしれませんが、感情に流されていると余計に傷つきやすくなってしまいます。相手も、あなたを傷つけたくてわざとヘコむようなことを言っている訳ではないでしょう。

たとえば、ミスをして注意をされたとしましょう。相手は、「このことを理解してね」と指摘しているだけかもしれないのです。そこですぐにヘコんでいたら、いつまでたっても改善しませんよね。注意されるうちが華です。「愛の反対は無関心」だとマザー・テレサは言っていますが、まさしくその通りで、愛がなければ人を諭したりはしません。人から何か言われて落ち込んだときは、相手の言葉が単なる悪意なのか、それとも善意で向けてくれたものなのかを分析してください。ただの悪意なら「我関せず」でいればいいし、善意があるなら、素直に耳を傾けることです。

もし、今すぐに考え方を変えることができないなら、それでもいいでしょう。段階を経て、〝皮膚〟は強くなっていくものだからです。こんなふうに言うと笑われるかもしれませんが、私はヘコむ感性がほしいくらいです。デブだとかインチキだとか、悪しき言霊《ことたま》(言葉にこもるエナジー)を散々言われもしますが、免疫ができてもはや雑音にしか聞こえなくなりました。それどころか、「そこまで気にしてくれるほど、私のことが好きなのね」と、〝熱心なファン〟だと感謝するほど。これも、最初からそう受け止められたわけではなく、試練を乗り越えてきた結果です。

たましいを鍛えたいと望んで、あなたは生まれてきました。だから、一度や二度つまずいても平気です。何度でも克服できるチャンスはやってきます。

生まれてきた理由

たましいの〝弱さ〟や〝幼さ〟を鍛え、成長するため

トラウマ2 「いい人」にしか見られない

「いい人仮面」をかぶっているつもりはないのに……、「面白くない」と言われてしまうのはなぜ？

「私っていつも『いい人』にしか見られなくて……」と愚痴をこぼす人がいます。いい人に見られるのは、普通に考えると悪いことではないはずなのに、いい人に見られるのが嫌で、それがトラウマにまでなってしまうとしたら、やはりそこに何らかの問題が隠れているはずです。

いい人に見られてつらいのは、心のどこかで「本当はそんなにいい人ではないんだけど……」という否定的な思いがあるからではないでしょうか。言葉を換えれば、自分への自信のなさからきているとも言えるのです。あとで人から「期待していたほどでなかった」とか「失望した」と言われるのが怖いのかもしれません。

こうしたたましいは、「等身大の自分を見つめること」を学ぶために生まれてきました。人には宿命があります。自分自身で、現世での学びにふさわしい器を持っ

できているのです。その器、つまり〝分〟を超えたことをしようとしても、うまくいきません。自分の器を受け入れることができてはじめて、自分らしくいられるのです。

人からいい人に見られるのがつらいときは、身の丈以上を期待されているということ。だから、その期待を裏切るのが怖くて、不安なのでしょう。自分の体面を保つために、いい人のふりをする「いい人仮面」はいけませんが、自分の器は肯定していいのです。「私はあなたが思うほどの器じゃないんですよ」と相手に伝えればいいのです。「そんな人とは思わなかった」と言われたとしても、「だから最初からそう言っていたでしょう?」とクールに返せれば、傷つくこともありません。

人は、案外、表面だけを見て判断するものです。たましいの学びが進んでいくと、人を外見や肩書といった〝物質的な価値観〟では判断しなくなりますが、それは、たとえどんなにうらやましく思えるような人にも、陰ながらの苦労があるということを知るからです。

逆に考えると、あなたのたましいは、前世では人を見た目や肩書だけで判断して差別していた経験があるともいえるのです。そのため、この人生では「人を表面的に見るのではなく、本質を見つめなくてはいけない」と学ぼうとしているといえます。人の本質を見極めることは、決してたやすくはありませんが、その難しさを知ることも、あなたのたましいを成長させる第一歩です。何事にも光と闇があります。どんなにキラキラと輝いて見える人にも、影はあるのです。

トラウマになっていることを見つめると、前世やこの現世において、同じことを誰かほかの人に対してしてしまっているのが見えてくる場合もあります。周りにいる人は、すべてあなたの鏡であり、あなたの姿を映し出している。その視点に立って見つめると、あなたのたましいは、「本来の姿と違うことを言われるのが苦手」と思っているのですから、反対に、他人のことをよく知りもしないで批判したり、意見してはいないかを見つめる学びもあるのです。

私自身も、自分が実際に見聞きしたものでないことには、無責任に言及しないように気をつけています。無知なまま、知ったかぶりをして話すのが一番恥ずかしいことだと、身をもって知ったからです。人の本質を理解し、無知を知に変える。それは、この世に生まれてきたすべてのたましいに共通する課題だと言えるかもしれません。

生まれてきた理由……

人を見た目や肩書で判断せず、〝本質〟を見極める目を持つため

トラウマ3　空気が読めない

私が何かを言うと、どうも場がしらけるみたい。
悪気はないのに、人に嫌われてしまうのはなぜ？

人に嫌われやすい人は、人づき合いが苦手で、自分から人の輪のなかに入っていくことができない気質を持っていると言えそうです。前世の流れを視ても、職人や行者など、ひとりの世界に没頭してきた経験があることが多いのです。前世では、自分のペースで生きることができたのですが、今回の人生では、人とかかわらずに生きていくことはまずできません。それゆえに、葛藤《かっとう》が生まれるのでしょう。

もっとも、嫌われるにもふたつのパターンがあります。ひとつは、周りの人全員から嫌われてしまうパターン。この場合は、嫌われてしまうほうにも改善すべきところがあります。一言で言うと、こうしたたましいは、周りの空気が読めず、頑固で、〝ひとりの世界〟にこもってしまうとそこから出ようとしません。前世から引き継いだ気質ということを抜きにしても、コミュニケーションがとにかく下手なのです。

人と人は、基本的に、言葉によって意思疎通をしますが、「私は人とかかわることが苦手だから……」とはなから打ち解ける気がない場合が多いのです。人から間違いを指摘されても聞く耳を持たないこともあり、言い逃れるためについウソをついてしまったり、言い訳ばかりしてしまいます。

「私はそこまでひどくはない」と思うかもしれませんが、全員に嫌われてしまうところまでいくと、やはり、根本からコミュニケーションを見直さなくてはいけません。一日中、誰とも会話しないということはありませんか？　心を許せるのはパソコンの前に座っているときだけなんてことはないでしょうか？　せっかく、人がたくさんいるこの時代に生まれてきたのに、またもすすんで〝山のなか〟にこもっていませんか？　人里を離れて修行しなくても、職場や学校などで人と触れ合い、そこで揉《も》まれることも立派な修行。いわば、〝里の行〟です。**この世に生まれてきたのは、「多くの人とかかわりたい」と願ったからなのです。そう自ら望んできたわりに、頑固で自分の生き方を変えようとしないから、〝人から嫌われる〟という形で、間違いに気付かせようとしてくれているのです。**

また、もうひとつ考えられるのは、一部からはものすごく嫌われるけれど、ある一部からは熱心に好かれるという、両極端に出る場合。この場合は、嫌ってくる相手のほうが、ただあなたに嫉妬しているだけということもあります。こうしたたましいは、とてもアーティスティック。偏屈だったりもしますが、芸術的な感性に優れていたりして、それがひとつの個性になっていることも多いのです。ただ、いくら芸術的な世界に生きるとしても、「私の世界をわかってくれる人とだけつき合えばいい」というのも、狭い考え。あえて人に嫌われるようなことをしたり、人を不快にさせてしまうと、悪しきカルマを蒔いたぶん、それが自分に返ってきてしまいます。

こうしたたましいが、日本に生まれたのにも意味があります。海外旅行に出かけるとわかるかと思いますが、チップ文化のある国を除けば、だいたいどこの国もサービスはそれほどよくありません。日本のように親切なところは少ないでしょう。サービスとは、スピリチュアルに言えば大我の行為です。たとえば、レジで商品を渡すときに笑顔を添えるのは、値段に含まれませんよね。つまり、相手を喜ばせようとか、相手に感謝をささげようとする「相手を想う気持ち」が根底にあるということなのです。そういう意味で、「自分の世界にこもる」小我から、「相手のことを考える」大我に変わるために、よりふさわしい環境を選んで生まれてきたともいえるのです。

生まれてきた理由

自分の世界に閉じこもらず、より多くの人にかかわって生きていくため

トラウマ4

何をやっても間が悪い

相手のためと思ってやったら、「余計なお世話だ」と言われてしまう。いったい私はどうすればいいの？

何をやっても間が悪かったり、思い込みで動いて失敗してしまう。そうしたトラウマがあると、実際に物事がうまく運ばないことがあります。人間関係においてもっとも大事なのは、気を遣うことではなく、気を利《き》かせることだと私はよくお話ししているのですが、タイミングが悪い人は、つまり、気を利かせることができないのです。

このふたつの違いがわかりますか？　気を遣うというのは、一見すると相手のことを考えていると思えるかもしれませんが、実は違います。相手に嫌われたくないとか、自分のペースで動きたいといった心理が裏にあって、本当に相手の望むことを察知して行動できていないのです。反対に、気が利くというのは自分より相手のことを先に考えて、自然に行動できることを言います。

それでは、このようなたましいは、前世でどのような経験をしてきたのでしょうか？　ひとつの傾向としてですが、比較的穏やかで順風満帆に生きてきたことが視えます。前世では苦労知らずで生きることができたため、現世でも自分の思いのままに行動してしまいやすいのです。しかし、自己中心的に生きるのは小我です。この世にひとりで生きているのではなく、周りとかかわりながら生きているのですから、自分の思い通りに動こうとすれば、当然「あの人は自分のことしか考えていない」と言われてしまうでしょう。本人にそのつもりはなくても、自分の都合や事情を相手に押し付けてしまうと、身勝手にしか映らないのです。

人との調和をはかることを学ぶため、人とかかわるなかで、より相手のことを考えられる大我の心を身につけたいと望んであなたは生まれてきました。前世では経験できなかった苦労という〝感動〟を積みたくて、このカリキュラムを選択してきたのです。

大我は、自分のことよりも先に相手のことを優先して行動することを言いますから、一見すると自分が損をするように感じるかもしれません。しかし、相手のことを思って行動するプラスの行いは、やがてよいカルマになって自分のもとに返ってきます。これが、スピリチュアルな二大法則のひとつ「因果の法則」です。

自分でも「タイミングが悪いな」と感じているなら、何をするにも一呼吸おいて、自分のことではなく、まず相手が何を望んでいるか、そして相手の立場に立って、何をしてあげるのが一番いいことなのかを考えるくせをつけていくといいでしょう。

大縄跳びでいえば、あなたは「跳ぶときにスカートがめくれあがったらどうしよう?」と自分のことばかり考えて、まったく縄を見ていない状態です。それでは跳ぶタイミングがつかめませんよね。それと同じで、タイミングが読めないというのは、自分のことが気になって、相手の状況を冷静に分析できていないのです。縄を跳ぶには、縄を常に見ていることが大前提です。「今だ!」という間あいをはからないと、跳ぶタイミングを逃したり、縄にひっかかってしまいます。人間関係もそれと同じです。人と円滑にコミュニケーションをとるためには、相手をじっくり観察することが必要なのです。

生まれてきた理由……

人をじっくり観察し、相手を想う愛（大我）を身につけるため

トラウマ5 行く先々でトラブルを起こしてしまう

ワザとじゃないのに、必ずトラブルが起きてしまう。
そんな私は、ひょっとしたら〝魔界人〟？

「魔界人」。美輪明宏さんが、何事に対しても否定的で、ねたみがましく、うらみがましい感情を持つ人のことをたとえてよくおっしゃる言葉なのですが、行く先々でトラブルを起こしてしまう人は、自分でも「もしかして私、魔界人？」なんて感じてしまうかもしれません。

しかし、「行く先々でトラブルが起きる」のは、実はとても勉強熱心なたましいだということ。物事の「光と闇」をしっかり見つめて、「良きことも悪しきことも体験したい！」。あなたがそう望んで、選んできた学びです。だからこそ、トラブルが尽きないのです。

この世にあるすべてのことには陰と陽、光と闇の両面があります。栄光があれば挫折があり、始まりがあれば終わりがある。それは、世のならいです。たとえば、勤めていた会社が倒産したとしても、その前には良いときもあったはず。私が知る例でも、それまでは「いいわね、そんな一流企業に勤められて」などと言われていたのに、倒産したとたん周りの態度が豹変し、「世間というのはこんなにも掌《てのひら》を返すものなのか」と学んだ方もおられました。

現世的に見れば、こうした出来事が起こることは、確かに「災難」と思うかもしれません。しかし、スピリチュアルに見れば、学びを得た幸いがあるのです。光だけしか知らないたましいよりも、闇を見たたましいは、痛みを知ったぶん人に対して優しくなれたり、世間の評価に振り回されない強さを身につけることができます。あなたは、世間の厳しさ、温かさ両方の〝感動〟を知りたい気持ちが強いからこそ、今回のカリキュラムを選んできたのです。

ただ、トラブルがあまりにも続く人は、自分自身が頑固になりすぎていないかを振り返る必要があります。周りの意見のほうに一理あることもある。頑固さをなくして、周りの声にも耳を傾け、何が原因でつまずくのかを分析することも大切です。

また、意外かもしれませんが、「大我」が招くトラブルもあります。たとえば、あなたがこの本を読んで「悩んでいる人に向かって厳しいことを言うなんて冷たい！　余計に打ちひしがれた」と感じたとしましょう。私からすれば、「中途半端な慰めの言葉よりも真実を伝えよう」と相手を想う気持ちから発している言葉でも、受け手によってはまったく逆に感じてしまうこともあります。このようなケースはたくさんあると思います。友人のためを思ってその人の短所を指摘したことが原因で喧嘩になり、絶縁してしまったという場合も同じ。しかし、たとえトラブルになったとしても、大我な動機を持ってしたことなら、いつかは相手にも伝わります。その出来事自体が必然で、相手のために、あなたが憎まれ役を買って出る場合もあるからです。

それがもし、「誰かをいじめてやろう」といった悪意で故意にしたことなら、やがて自ら蒔いた悪しき種は自分のもとに返ってきます。人が離れたり八方塞《ふさ》がりになったりするのです。反対に、相手のためを考えてしたことならば、必ずプラスの結果となって現れるでしょう。要は、動機しだいなのです。

なかには、自分に注目を向けようとあれこれトラブルを起こしてしまう人もいます。その裏にあるのは、心の寂しさです。けれど、ここで安易に周りの同情を得ようとしても、たましいは成長できません。

あなたがこの世に生まれてきた理由――それは、物事の良い面もそうでない面も余すところなく見て、人の〝心〟を理解していくため。そのためにトラブルという課題を自分自身で選んでいるのです。

生まれてきた理由……トラブルを通して世間の「光と闇」、人の心を知るため

トラウマ6 コミュニケーション力がない

言葉が出なくて人とコミュニケーションできない。嫌々でも相手に合わせたほうが良いのでしょうか？

コミュニケーションが苦手な人が増えている昨今ですが、人と仲良くすることができない人は、今生では「自立心を養う」目的を持って生まれてきています。前世の流れを視てみると、こうしたたましいは、親の庇護のもとで暮らしていて、安穏と生きることができていました。何をするにも親が準備してくれて、親がかりで生きてこられたのです。そのため、自分で思考することがあまり得意ではありません。

今回の人生では、「たとえ失敗してでも、自分の足で歩こう」という思いを抱いて生まれてきました。前世で多くの人と触れ合ってこなかったため、自分の想いを言葉で伝えたり表現することに対して苦手意識を感じてしまうのです。でも今回は「多くの人に出会い、いろいろな価値観や考え方に接したい」と望んで生まれてきました。ですから「人とかかわるのが苦手」と挫折していては、生まれてきた目的がまた果たせないことになります。

たとえばもし、口下手だから話すのが苦手というコンプレックスがあるなら、「ボキャブラリーを増やすこと」を意識しましょう。本を読むなどして、語彙を増やすのです。単純なことと思うかもしれませんが、胸の内を表現するにはひとつでも多くの語彙を知っているほうが役立ちます。若い人たちがすぐ親に対してキレてしまうのは、心を表現する語彙が少ないから。彼らの日常会話によくあるような「ウザイ」「キモイ」「イク?」といった単語だけで話そうとすると、相手に想いが伝わらなくてキレてしまう悪循環に陥ってしまうのです。それと同じで、大人であっても言葉を知らないと、自分の感情に沿った表現ができなくなります。たとえばイライラすることがあっても、言葉で感情を表現できれば自分の怒りを的確に伝えられますが、ボキャブラリーが乏しいと激情するだけで、相手になにを主張したくて怒っているのかも伝えることができません。

ただ、ここがさじ加減のしどころなのですが、あなたは自分の意思で人間関係を築いていく学びをするために今回生まれてきました。仕事であれば、嫌な人がいたからといって安易につき合いを止めることはできないかもしれませんが、プライベートでは、自分でつき合う範囲を考えることができます。「誰とでも仲良くしなければいけない」とプレッシャーを感じることはないのです。極端なことをいえば、あなたの悪口を言う人がいて、一緒にいていつもイライラさせられるのに、それでも仲良くしていたいと思うとしたら、その関係自体が「依存」です。**あなたが今回生まれてきたのは、自立した個として、人間関係を築くことを学ぶため。周りの顔色をうかがって、相手に嫌われないように合わせていく思いぐせを脱するために生まれてきたのです。**相手に対する怒りを抱きながら嫌々つき合うくらいなら、ほかの場所に出会いを求めたほうがよほど建設的。相手に依存する関係に甘えるのではなく、自立することがあなたの課題なのです。

あなたに対して悪口を言う人がいて、そのことがトラウマになって人間関係が苦手になっているのなら、あなた自身も「悪口を言っていないだろうか？」と振り返るのです。人間は未熟なので、気づかないうちに悪しき言霊を発していることもあります。要するに、人から悪口を言われたときは、自分の行動、言葉などを反省する学びがあるのです。

もうひとつの考え方として、「悪口を言うほうがみじめ」と知っておくことです。立派な人、幸せな人は、悪口を言ったりはしません。実は、自分の中にコンプレックスが強くある人ほど悪口を言うもの。それは「私ってコンプレックスのかたまりなんです」と自己紹介しているようなものなのです。

あなたは、広く社会を知り、多くの人の中で揉まれたい！　と願い、今その環境を自分で選んできました。人づき合いが苦手で仲良くできないのも、あなた自身の課題に気づかせてくれるヒント。なぜ苦手なのか、本当にその相手とつき合うことがたましいを成長させるのか、ただ相手に依存しているだけではないか。そうしたことをひとつひとつ内観していくことが、あなたの学びなのです。

生まれてきた理由

広い社会を知り、人に頼らず自分で取捨選択をしていくため

トラウマ7 ものすごく緊張してしまう

肝心なところで緊張しすぎて、いつも力を発揮できない。
あがり症や吃音《きつおん》を克服する方法はあるのでしょうか？

人前に出るとあがりやすい、緊張してしまうトラウマを持っている人は、人とコミュニケーションをとるのが苦手かもしれません。こういったあがり症にも、先天的なものと後天的なものがあり、生まれつきの場合、前世から引き継いだ気質が思いぐせとなっています。すべての場合ではありませんが、あがり症で悩む人の前世を視たとき、相当なプレッシャーのなかで育ってきたたましいであることが視えました。たとえば芸事の世界で芸を継いでいく必要がある場合など、「跡継ぎ」という使命を持っていたたましいが、そのプレッシャーをずっと感じて、いつもビクビクしていたことがあったのです。

こうしたたましいは、前世で克服できなかったことを再び履修しようと、今回生まれてきています。プレッシャーを克服していくために、あえて自分に負荷をかけ

ているたましいなのです。では、どうすればそのプレッシャーを感じずにいられるか、あがらないでいられるか。答えは、実はとてもシンプルです。あなた自身が「自分のこと」に関心を向けすぎているところがあるので、もっと自分を客観的に見て、自分よりも相手のことをよく見るようにしていくといいのです。

仕事でプレゼンテーションするときにあがってしまうなら、クライアントのことを考え、どうすれば熱意が伝わるか、喜んでもらえるかを先に考えること。相手を想う大我な動機があれば、緊張も減っていきます。失敗しないかなど、周りからの評価が気になるかもしれませんが、動機が大我なら自己評価などは二の次になっていきます。

また、後天的な理由であがり症になってしまうたましいもあります。その場合は、あなた自身が「人から良く見られたいと思っていないか」を振り返りましょう。緊張したりあがってしまうのは、等身大の自分よりも良く見せようとする思いが隠れているから起こる場合があるのです。裸になることを恐れてはいけません。あなたはあなたでしかないのですから、自分らしく振る舞えばいいのです。そして、努力を忘れないこと。私も人前で歌うことがありますが、大舞台でどんなに緊張しても、練習してきたことが根底にあれば、あとはもうやるしかないのです。極度に緊張してしまうなら、人一倍、事前の努力を怠らない心がけが大切です。

人前が苦手という人のなかには、吃音で悩んでいる人もいるかもしれません。先天的に吃音を持っている人は、実は、その前世で「常に本音を言えないような環境」のなかに生きてきたことがあります。あるいは、威厳のある場所や環境に置かれ、いつも「正解を言わなければいけない」とプレッシャーをかけ続けられていたこともあります。そうした経験から、今も、たましいが思ったことを言葉に直結させて出すことができないのです。

吃音のある人は、歌うときには出ないものなのですが、それは不思議でもなんでもありません。決まったことを言うぶんには言葉に詰まらないでいられるのです。〝自分の想い〟を口に出すことがいかにプレッシャーかがみてとれます。

こうしたたましいは、「自分の考えをありのままに表現できるようになりたい」「人と競争せずに生きたい」という望みを持っています。過去の経験を克服するために、今生に生まれてきたのです。ですから、吃音があるからといって、心を閉ざしたり、話すのをやめてしまうのはかえって良くありません。誰かひとりでも、あなたの話に耳を傾けてくれて「焦らないでいいよ。ゆっくりでいいから話してみて」と言ってくれる人に出会えたら、詰まらずに話せるようになります。

あなたは人と触れ合って、人の優しさを知ることを目的に生まれてきています。ですから、「話すことが苦手」であっても、人と交わることを避けないことが大切です。また、普段は話せるのに、電話になるとうまく言葉が出てこない人もいるかもしれません。そうした場合は、前世で「言いたいことが伝わらなくて苦しんだ」経験をしていることがあります。今回生まれてきたのは、その苦手意識を克服したい、と自ら望んだからです。はじめから「私、話をするのが苦手なんですよ」と相手に伝えておくだけでも、気楽に話せるようになるでしょう。

生まれてきた理由　プレッシャーから解き放たれ、自分の想いを表現するため

トラウマ8

見えすいたウソをつく

ウソつき症候群、面と向かって話せないなど
人とつき合いづらい性格は直すことができるの？

現代人すべてにあてはまる傾向として、人とかかわっていくうえで、言葉でのコミュニケーションや相互理解をはかることが下手になってきているように感じます。ひとつの例ですが、「ウソつき症候群」といって、見えすいたウソを平気でつく人が多くなっているように思うのです。日常会話のなかで、言い訳や言い逃れをするためについウソを言ってしまうのです。

前世の流れを視ても、こうしたたましいは、劣等感を覚える状況に置かれていました。そのため、ちょっとのことでも自信をなくしてしまうのです。今回生まれてきたのは、「自分を良く見せたい」「人に嫌われたくない」という劣等感からくるトラウマを克服するため。自分に自信を持って生きていくために、この課題を選んできたのです。

にもかかわらず、ついウソをついて自己保身に走ってしまうのは、まだ自分のことしか考えられない小我なたましいだからです。こうしたたましいは、何より、その自分の器をきちんと受け入れることが学び。あなたはあなた以上にはなれないことを知ることです。無理をして良く見せようとしても、中身が伴っていなければメッキはすぐにはがれるだけなのです。

「できない」と言うことは恥ずかしいことではありません。むしろ、できないのにできるふりをしたり、知ったかぶりをするほうがよほど恥ずかしい。誰かから「えっ？　そんなことも知らないの？」と言われても、かまわないではありませんか。ウソをついて、知っているふりをするほど、底が浅く見えてしまいます。ウソやごまかしで一瞬は切り抜けることができても、しょせんウソはウソ。いつまでもつき通すことはできません。

また、相手に対して必要以上に依存し、甘えてしまっている人のなかにも、コミュニケーション不全の人を見かけます。たとえば、「あの人のことを信頼していたのに、裏切られた！」と怒り心頭に発している人を見ますが、実はあなたのほうが相手に依存していたことに気づかなければ、状況は変わらないでしょう。

こうした人は、本当は「自己責任で生きたい」という想いを持って生まれてきたのです。裏切りに遭ってショックを受けたとしても、それ自体、あなたの学びに気づかせてくれるサインなのです。人に頼るから裏切られたときのショックも大きい。何でも自分ひとりで責任をとる覚悟さえできていれば、人が何を言ってこようと何をしようと、泰然自若として構えていられるものです。

前世に起因する出来事があり、コミュニケーションが苦手になっていたとしても、それを言い訳にしてはいけません。面と向かって話せない人のなかには、前世で人間の嫌なところをいっぱい見た経験をしているケースがあります。武家社会に生きて、足の引っ張り合いをしたり、嫉妬したりされたりするような集団のなかにあって、人とかかわっていくことのわずらわしさから、コミュニケーションの難しさを味わってきました。

今生でも同じような環境に身を置いて学ぼうと望んだ場合、現代の武家社会である「サラリーマン」として生きることを自ら選択する人もいます。前世でクリアできている問題なら、同じテーマのカリキュラムを選ぶことはありません。乗り越えられなかったことだからこそ、何度も出題されるのです。

コミュニケーション不全は、あなただけの問題ではありません。この時代に生まれたたましいはみな、多かれ少なかれコミュニケーションが下手です。そして、それを克服するために、あなたはこの情報過多の時代を自ら選んで生まれてきました。どんどん便利になって、人と話さなくても食事できるし、買い物もできる時代です。そんななかで、どれだけ人と直接話し、コミュニケーションをはかっていくのかを学ぶカリキュラムを選んできたことを忘れないでください。

生まれてきた理由……………**わずらわしい人間関係と向き合って、苦手意識を克服していくため**

大我《たいが》と小我《しょうが》

見返りを求めずに、他者にひたすら愛を与えようとする考え方が「大我」。それに対して、自分のことを最優先にする考え方が「小我」。「大我の愛」や「小我の愛」という形で使われる。常に「大我」の意識を持つことが大切。

思考のトラウマ

トラウマ9　物事を悪いほうに考えてしまう

どうして悪いことは突然やってくるの?
私にばかり悪いことが起きるのは宿命なの?

何でも悪いほうにばかり考えてしまう。そういうトラウマを抱えている人は、大勢いることと思います。あなただけではありません。たましいの流れを視てみると、こうした人の多くは、前世でいろいろな困難を経験していて、その波瀾に満ちた記憶が、たましいに深くこびりついているのです。

こうした人の多くは、何かにつけて「自分だけがこんなに大変な思いをしている」と深刻に考えてしまいやすいのですが、それも無理からぬこと。というのも、前世では、〝一難去ってまた一難〟という経験を繰り返してきたため、「きっとまた何か起こるに違いない」とネガティブに受け止めてしまう思いぐせがついてしまっているのです。

けれど、そうした経験があるからこそ、あなたは今生で、良いことも悪いことも、突然やってくる〝予告編のない人生〟を求めたのです。次に何が起こるかわからないからこその「感動」を望んできたのです。あなただけではなく、どのたましいも、感動するためにこの世に生まれてきました。人生で起きる良いことも悪いことも、いわば〝名所〟です。ひとつでも多くの名所を見て、そこで泣いたり笑ったりしながら、たましいを磨く〝旅〟をしにやってきているのです。

心配しなくても大丈夫。必要以上の良いことも悪いことも起きません。起こることはみな、たましいにとって必要な課題。あなたが乗り越えるべきカリキュラムだから出会っているのだと受け入れられれば、安心して生きられるはずです。

そうしたことを、過去の経験から理解しているたましいは、「先々のことなんて、今から考えたって始まらないじゃない」とか「死ぬときは死ぬのよ」と達観できているのですが、あなたはまだ、その段階を迎えていないだけなのです。

あなたのたましいは、自分の身に予測のつかないことが起こったらどうしよう……と怖がっています。けれども、実は「予測のつかない人生」を求めて、あなたは生まれてきたのです。安心できることだけをするのは、それはそれでひとつの考え方かもしれません。でも、それでは人生という旅がずいぶんとこぢんまりとしたものになってしまいます。せっかく旅行に来たのに、巡る名所が少ないのはもったいないではありませんか。本来学ぶべきカリキュラムを履修せずにあの世に帰ったら、きっと後悔します。

あなたのたましいは、人一倍、感動を求めたくてこの世に再びやってきたのです。前世とは打って変わって、情報が滝のようにあふれる時代を選んで生まれてきたのも、たましいがそれだけ選択肢の多い〝広い世界〟を求めていたのです。あなたが生まれてきた意味は、「喜怒哀楽をたくさん味わいたい！」「恐怖心を克服して有意義な旅をしたい！」というところにある。

そう、ものすごくアグレッシブなたましいなのです。

繰り返しになりますが、必要のないことは起きません。ならば、悪いほうにばかり考えて立ち止まるのではなく、やりたいことをやりたいようにやって、生きたほうがずっといい。むしろ、それを望んで、あなたのたましいは生まれてきたのですから。

心配ばかりしていたら、本当に現実になってしまいます。言葉には言霊があり、心に抱いた想いは、念の力で現実のものとなります。物事を悪いほうに考えるのではなく、よい方向に考えて、人生を前向きなものに変えていきましょう。

生まれてきた理由……恐怖心を克服して有意義な人生の旅をするため

トラウマ10

根暗だと言われる

根暗なのはたましいが生まれつき暗いから？
キャラクターは努力で変えられないもの？

人から根暗だと言われたり、影が薄いと言われても、それを気に病む人もいれば、まったく気に病まない人もいます。別に根暗などと言われても気にしない人は、「根暗って言うけれど、要は〝基礎体温〟が低いようなものでしょ？」とあっけらかんと受け止められるのです。そうならず、トラウマとなったり、気に病んでしまう人は、前世において、暗い出来事や忍耐を強いられる環境にいたといえます。来る日も来る日も畑を耕し、汗水流して必死に生きていたけれども、飢饉が訪れるなどして、苦しい思いをした。たとえば、そういった苦境を経験したたましいです。言うまでもなく、今のように、物に恵まれた豊かな時代ではありませんでした。ですから、「今日食べられるだけでも幸せ」と感謝するようなつつましやかな人生を送っていたのです。

考えてもみてください。そうした時代に、何かが突然起こってバラ色の人生になるとか、劇的な変化が起きることがあるでしょうか？　まず、ないでしょう。目が覚めてご飯を食べ、日がな一日仕事をして、また次の日にも同じことを繰り返し……そして一生を終えるという人生だったら、気分が突如高揚するようなことにも乏しかったはずです。

これまで視てきた例でいっても、こうした人の前世は、東洋、とくに日本に多く見られました。大口を開けて笑うのは下品だとか不謹慎だという発想があり、笑うことを慎む風習があった国に生まれ育った経験がたましいに刻まれているため、明るく振る舞うことをためらってしまうのです。

そうした経験を経て、今の時代に生まれてきた理由――それは、「もっと感情をダイレクトに表現したい」と願ったからです。「笑いたい！　楽しみたい！　前世で味わえなかった自由な人生を謳歌《おうか》したい」、そんなたましいの願いを引き継いで、今ここにあなたは生きているのです。昔に比べると、同じ日本でも、笑うことを下品だととらえる風潮もありませんし、娯楽もたくさんあります。恋愛だって、仕事だって、自由に選べます。そんな時代を選んで生まれてきたのも、前世の旅のなかで、たくさんの苦労をしてきたぶんの〝ご褒美〟といえるでしょう。自分で自由に人生を創りあげていくことができるだけの選択肢がある。それだけでも、ものすごい幸せなのです。

喜びも、怒りも、哀しみも、楽しさも、全部味わいたい。学びたい。そういう思いからやってきているのですから、この現世というフィールドをもっともっと縦横無尽に駆け巡ってみましょう。それが、あなたのたましいが生まれてきた理由なのです。

「根暗を直そう」と深刻に考えなくっていいんですよ。笑おうとして強引に笑顔を作っても、変な演技のようになったら、そのほうがよっぽどおかしいでしょう？ そうした無理をするのではなくて、人が何と言っても、どんなレッテルを貼られようとも、一切気にしないこと。それよりも、「せっかく生まれてきたんだから、自分のフィールドを生かして楽しんでいこう！」と考えたほうがずっと良いのです。

今あなたが「根暗と言われること」を気にし始めたということは、裏を返せば、自分のなかでもどこかで「自分を生かし切れていない」「せっかくのフィールドを使い切れていない」ということに気づき始めた証《あかし》。つまり、これまでの思いぐせを脱却して、視点を切り換えていくことができる段階にきたということなのです。

生まれてきた理由

思いのままに「感情」を出して生きるため。
自分のフィールドを生きるため

トラウマ11 自己主張ができない

言いたいことが言えず、自分の主張を通せない。
相手に合わせて思っていないことを言ってしまうのはなぜ？

自分の意見を通すことが苦手。言いたいことはあってもうまく言葉にできない。そんなトラウマを抱えている人は、前世では、集団のなかで生きてきたことが多いようです。そのなかで抜きんでたために足を引っぱられたり、ねたまれるような出来事を経験してきました。そのため、「自分の意志を通す」ことに対して、消極的になってしまうのです。

こうしたたましいは、言うなれば〝やり残した宿題〟に現世で取り組もうとしているのです。自己主張できなくて苦しんだぶん、この人生では、はっきりと物を言うことを学ぼうという目標を持っています。そして、「泰然自若に生きること」「不動心を身につけること」を自らのカリキュラムとして選択してきています。

実は、私自身も人生において、このカリキュラムを履修している最中だと分析しています。私の前世は江戸時代の茶坊主で、武家社会のなかで生きてきました。そのなかで、人間関係に苦労してきた過去があります。そこで人の心の裏と表を見てしまい、「ここは伏魔殿か!?」と思うようなドロドロもたくさん味わってきたのです。ねたみ、そねみ、嫉妬という人間のマイナスの感情を嫌というほど見てきたために、どこかで人を信じ切れないことも過去にはありました。

こういうたましいは、「出る杭は打たれる」ことに過剰に反応してしまい、「ならば、目立たぬようにしよう」とブレーキが自主的に働いて、「自己主張しない」方向に流れてしまうことがあります。

だからこそ、今回の人生では、「自分の道を貫いて、人に流されずやりたいことをしよう！」という目的を持って生まれてきたのです。とは言え、たましいのくせは、そうそう変わるものでもありません。自分を主張できずに相手に合わせてしまったり、周りの気持ちを考えすぎて自分の気持ちとは裏腹なことをしてしまったりと、この人生のなかでも、同じような問題にぶつかりやすいでしょう。けれど、そういうふうに何度も同じ試練を味わうこと自体が、「これがあなたの課題ですよ」と示されていることを意味するのです。

もっとも、前世に起因している以外に、後天的な理由で自己主張が苦手になっている人もいます。たとえば、いつも親や上司などにおさえつけられてきた結果、人の顔色ばかりうかがうようになって、自分の意見を言えなくなってしまうというケース。「どうして言いたいことが言えないのか」と自責の念に駆られるのですが、ついついそういう振る舞いをしてしまうのです。こうした場合、実はどこかで「自分がかわいい」とか「人から嫌われたくない」という小我が混じっていることがあります。自分の考えや動機が正しいと思うなら、人からどう思われても堂々としていていい。それを学ぶカリキュラムです。

そこでいつまでも苦手を克服せず、〝風見鶏〟のように生きていると、来世でも「自己主張ができない」というトラウマを抱くことになるかもしれません。乗り越えることが目的で生まれてきたのに、それを克服しないままあの世に帰ってしまうと、また〝居残り勉強〟が待っています。

〝宿題〟はやれるうちにやったほうがいい。後々に残すとよけいに片付けるのが面倒になってしまうものなのです。

生まれてきた理由……………

人に左右されず意志を貫くことを学ぶため。不動心を身につけるため

トラウマ12

夢が持てない

何をやっても無駄なんじゃないかと思い、将来の夢も持てない。私ってつまらない人間？

「夢のひとつもなくて、つまらなくないの？」

周りからそんなふうに言われて、自分でも「私ってつまらない人間なのかな……」と思い悩んではいませんか？　夢が持てないとか、趣味と呼べるものがないという人には、いくつかのパターンが考えられます。ひとつは、前世が「日々の暮らしを営むことで精いっぱいの人生」だった場合。こうした前世を持っていると、夢を見る精神的な余裕が持てなかったために、この人生においても「夢なんて見ていられない」と思ってしまうのです。怠けているから打ち込めるものがないとか、趣味もないということではありません。

また、もうひとつのケースとしては、前世で「夢に破れた経験をした」場合。夢に破れた痛手が深くたましいに残っているために、「夢を抱くのは虚しいこと」と刷り込みがなされてしまっているのです。そう言えば、昔見た『ムーミン』のなかに、印象深いキャラクターがいるのですが、そのキャラクターにちょっと似ているかもしれません。いつも口ぐせのように「無駄じゃ、無駄じゃ」と言っているジャコウネズミです。何をするにしても、結局「骨折り損のくたびれ儲け」になってしまうのではないか？　と疑心暗鬼になる。だから、無駄な努力はしたくない。……そう思ってしまうたましいにもひょっとしたら、〝無駄じゃおじさん〟が潜んでいるのかもしれません（笑）。

前世に引き続いて今も「何をやっても無駄だ」とあきらめてしまう傾向があるのはなぜでしょうか？　それは、今、あなたの物質的価値観が強すぎるからかもしれません。トロフィーをもらうとか、人から評価されるといった〝目に見えるご褒美〟がないとダメなんだと、勘違いしてしまってはいないでしょうか？

本来、夢や趣味とは、自分で決めるもので、人から決められるものではありません。まして、評価されることがすべてでもないのです。自分が「これを大事にしている」と言えることなら、それも立派な夢。たとえば、お天気がいい日に洗濯物を干すのが趣味で、きれいに洗濯ができたら幸せと思うことでもいいのです。このように、たとえささやかな夢であっても、自分のたましいが喜ぶことをするのは、イキイキと生きるためにも欠かせません。有名になることやお金を得ることだけが立派なのではありません。大事なのは、夢を追うなかで努力する過程のほう。**今回の人生において、たましいは、まさにこの「〝過程〟を味わいたい、夢を追ってみたい！」と望んで生まれてきたのです。**先天的な原因がある場合だけではなく、後天的な場合にも同じことが言えます。過去に一度夢に破れた経験があると、「打ち込んでいるうちは楽しいけれど、結果がどうなるかわからない」とあきらめてしまう思いぐせがついてしまいます。しかし、結果はあくまでも〝副産物〟で、それを得られるかどうかは、大きな問題ではありません。夢を追うなかで、苦労したり、悩んだりすること自体が、この人生の旅でしか得られない〝感動〟だということを忘れないほうが大切です。

それに、以前のあなたが「破れた」と思っている夢は、もしかしたらあなたの目指す道とは違ったのかもしれません。挫折したのは、「あなたには別の道がありますよ」というメッセージだとも言えるのです。ですから、過去の失敗をいつまでも悔やむのではなく、勇気を出してまた新しい道、新しい夢を追いましょう。

生まれてきた理由……

結果にこだわるのではなく、夢を追う〝過程〟で感動を味わうため

トラウマ13

なぜだかわからないけど、怖い

知らないものや新しい状況に遭遇すると、
怖くて一歩も踏み出せなくなってしまうのはなぜ？

ちょっと物音がするだけでビクビクしてしまうなど、理由もないのに恐怖感がぬぐえない。すぐパニックになってしまうトラウマを抱えている人は多いかもしれません。こうしたたましいは、一言で言ってとても過敏なのです。とくに、先天的な気質として「怖がり」になっているたましいは、前世において激動の時代を生きていたのです。闇討ちにあって亡くなる、水害で命を奪われるなど、突然の出来事に見舞われた経験があることが多いのです。恐怖心が染みついてしまっているケースをこれまでにもたくさん視てきました。何か具体的な出来事に対してだけ極端に怖がってしまう場合は、その事象にまつわることで生命の危機に陥ったり、命を落としている場合があります。

この現世に生まれてきたのは、自分自身の経験を通して「恐怖心」を消し去って

いくためです。前述したように、この世には必要以上のことは起きないという法則があります。あなたの学びになること以外は絶対に起こりません。前世での恐怖体験を克服するために生まれてきたのですから、今生でも同じことで生命を落とすことはまずありません。たましいは、できるだけ多くのバリエーションを経験するために、再生を繰り返します。ですから、必要以上に心配することはないのです。

怖がりになった原因が、後天的な出来事に由来することもあります。たとえば、幼いときに両親が夫婦喧嘩ばかりしていたために、大人になってからも怒鳴り声や大声が怖かったり、交通事故に遭いそうになって助かったとか事故を見たといった経験があると、「死」に対して怖がってしまうこともあります。過去に経験したことが大人になってからもフラッシュバックしてしまい、怖くなってしまうのです。それだけ、たましいにとっては大きな衝撃だったのでしょう。

かくいう私も、実は子どものころ、7歳上の姉に段ボールの中に閉じ込められた経験があって、そのときの恐怖心から、いまだに閉所恐怖症です。そのため、人間ドックに入ったりするときも、ＭＲＩの検査が大の苦手。仕方なく、胃カメラを飲んだ後の朦朧《もうろう》とした意識のときにやってもらったりして本当に一苦労です。……怖くなって、途中で出してもらったこともあるほどなのですが、そうしたときは、いつも次のふたつのことを試しています。

ひとつは、自分で自分に「大丈夫！　問題ない」と言い聞かせること。言霊によって、安心することができます。そしてふたつめは、「自分でできうる注意はします。悪いことが起きないように祈ります」と、スピリチュアルな世界に対して念を送ること。それによって、必要以上にビクビクしなくなります。

「怖がり」というのは、裏を返せば、「物事に対して用心深い」という良い一面でもあります。石橋を叩いて渡るような慎重さがあるのだとプラスに受け止めていくことができれば、怖がりである自分を受け入れられるでしょう。言霊と念の力で、たましいに残った傷口を癒しましょう。そうすれば、あなたの足を引っぱるような恐怖心はなくなり、「注意深い」という良い面だけが残るのです。

生まれてきた理由

たましいに残った「恐怖心」という傷口を〝経験〟によって癒すため

スピリチュアル用語解説

言霊《ことたま》

言葉に宿るたましい、エナジーのこと。物事を良いほうに考えて発する言葉には良い言霊が宿り、人生が前向きになる。逆に悪いほうに考えると、マイナスなことが現実になってしまう。音楽には、「音霊」が宿っている。

行動のトラウマ

トラウマ14

やる気が出ない

怠けるつもりはないのに、どうしてもやる気が出ない私。
これってたましいがルーズだから?

何をするにもやる気が出ない。ついついダラダラしてしまう。朝起きられない。周りからは「怠けている」ととらえられてしまうのもトラウマになっている。そんな人は、現代社会に多いように感じます。こうした状態は、言ってみれば〝たましいのフリーズ状態〟。要するに、規則正しいリズムに乗ることができていないのです。

この世に生まれてきたのは、〝旅〟をしにきたようなもので、人生の喜怒哀楽、さまざまな感動や苦難は〝名所〟だと前述しましたが、こういうふうにも考えられます。この世は、たましいを磨く〝スポーツジム〟で、それぞれに異なるプログラムを選んで生まれてきた、と。そう考えると、「やる気が出ない」というたましいは、会費を払っているのに、通わなくなっているようなものなのです。体を鍛えようと自分からすすんで入会したジムなのに、たましいが躍らず、なんとなく「行きたくない」と思ってしまっている。実はこの〝なんとなく〟というのも曲者《くせもの》で、本当のことを言えば、やる気がないのも、朝起きられないのも、あなた自身の問題。ですから、自己責任で向き合わなければいけないことなのに、他人事のように思ってしまっているところから、まず変えていかなくてはいけません。

こうしたたましいは、前世ではどのような生き方をしていたか。ひとつの傾向ですから、すべてに当てはまるわけではありませんが、過去のカウンセリングなどでは、「ロマ（移動民族）」のような暮らしをしていたケースを多く視てきました。自然のなかで自由気ままに生きてきたたましいだったり、芸術家など、人とは違う感性で生きていたのです。要するに、社会に溶け込むことをせず、自分のペースで生きていたたましいです。

「ああ、だから私、社会と接することが苦手なんだ」と納得するかもしれません。しかし、そこでストップしてはいけません。たましいが生まれてきた理由を考えてみましょう。**あなたのたましいは、あえて、前世とは違う環境に生まれてきました。それは、なぜか。実は、たましいが「社会性を身につけて生きていくこと」を**

求めているから。マイペースに生きるのではなく、社会のなかで揉まれながら、人とかかわっていくことを望んだからこそ、この時代、この国をあなた自身で選んで生まれてきたのです。

ですから、あなたはもっと「自分の人生をコーディネイトするんだ」という自覚を持つことが大事なのです。もし、前世と同様に、社会から離れて生きていくことが生まれてきた理由であれば、同じようにロマのような暮らしができる環境を選んできます。それが、今回はまったく違う環境に生まれてきた。それこそが、たましいが生まれてきた意味を教えてくれているのです。前世では経験していないことをあえて選んできたのですから、その課題から逃げてはいけないのです。

たましいは、生まれる国、時代、性別、家族などをすべて自分のカリキュラムとして選んできています。ですから、今回、前世とはまったく違うところ、性格気質に合わないところに生まれてきたのは、「前世とは反対のことを学ぼう」としている意欲の表れです。たましいは、多くの経験と感動を望んでいます。再生を繰り返しながらいろいろな立場を学ぼうとしているのです。前世とはまったく異なる環境ゆえに、「合わない」と感じてしまったり、「人とかかわるのは苦手」と感じてしまうかもしれません。けれど、得意ではないからこそ、それを克服する目的を持って、たましいは生まれてきたのです。もし、過去に経験してわかっている課題ばかりを解いていたら、進歩がありません。わからない問題、苦手な問題があるからこそ、たましいを磨くことができるのです。

生まれてきた理由……人とかかわりながら、社会性を身につけていくため

トラウマ15

熱しやすく冷めやすくて物事が続かない

あれほど盛り上がったのに、すぐどうでもよくなって……。
どうして私は根気が続かないのでしょうか？

熱しやすく冷めやすい。こうした傾向がある人は、現世的にみれば、とても短気ととらえられるかもしれません。「盛り上がったと思ったらすぐに冷めてしまう」という性質を自分でもトラウマに感じている人は、まず、何をするにも一呼吸おいて考えるという習慣をつけるようにするといいでしょう。感情主体になってしまっていて、理性が働いていない状態になっているからです。

けれども、この気質は、良い言い方をしたら「インスピレーション」が冴えているということ。芸術家肌だったり、直感に優れているという面があるのです。ただ、何でもかんでもインスピレーションだけで動いていると、「あれ、あのときはこれがいいと思ったんだけど……」と感じることが多くなってしまうかもしれません。この世にひとりで生きているならそれでもいいのかもしれませんが、社会のなかでは人とかかわって生きていかなければいけませんから、やはり、理性で分析する目もプラスすることが必要でしょう。

実は私もこのインスピレーション型だと自認しているので、何をするにも、理性を持つことを心がけています。たとえば、本を出させていただくときにも、いろいろなアイデアがパーッと光のように降りてくるのですが、そのときの感情だけに従うのではなく、「本当にこの方向性でいいのか」と理性で分析するようにしているのです。ときには、最初に感じていたことと方向性が変わっていくこともあるのですが、そのときは計画を見直して一からやり直すこともします。要するに、インスピレーションだけに任せないのです。ですから、ご自身で「私はインスピレーション型だ」と感じる人ほど、慎重に見直すくせをつけておくといいでしょう。

この傾向があるたましいは、言うなれば憑依《ひょうい》体質なのです。恋愛などでも、惚れっぽかったりするかもしれません。自分でも「根気が続かない」と感じることが多いかもしれませんが、それは、何でも途中で止めてしまうから続かないだけ。熱しやすく冷めやすいという人ほど意識して、ひとつでもいいから何かを続けてみると良いのです。途中で投げ出すのではなく、一定の結果が出るまで続ける。それを第一目標にしていくと、理性で感情をうまくコントロールすることもできるようになります。

常にアンテナが敏感になっているので、そのときどきでいろいろな情報をキャッチしてしまうかもしれませんが、その情報を有効に活用できるかどうかは、やはり「理性」での分析あってこそです。

こうしたたましいは、「意欲的に生きたい！」と望んで生まれてきました。「生まれてきたい！」という想いがとても強かったたましいなのです。とてもパワフルで、人生のなかでやれることは何でも経験したいと思っています。だからこそ時間が惜しく、ときにせっかちになることも。熱意があるあまり、あれもこれもと手を出すことがあるのですが、それだけ意欲的な生き方をしたいと思っているのです。

人生は、自分自身の〝素材〟をいかに〝料理〟するかという学びですが、熱しやすく冷めやすい人は、料理を作ろうとしてもメニューが定まらなかったり、いざ出来上がってみても、今度はどれから食べようか迷ってしまっているような状態なのです。要は、目移りしやすくなっているということ。こうした人は、計画性を持って生きることを学ぶために生まれてきたのです。

生まれてきた理由……………

とにかく意欲的に生きたい！
人生のメニューをやりつくしたいと望んだため

トラウマ16

部屋が片付けられない

部屋がすぐ「ゴミ屋敷」のようになってしまう私。
自分は気にならないけど、直したほうが良いのでしょうか?

「片付けられない症候群」だとか、周りに迷惑をかけるような「ゴミ屋敷」のことがメディアで取り上げられることがありますが、程度の差はあれ「片付けられない」ことがトラウマになってしまっている人は大勢いることでしょう。部屋のなかを片付けられないとか、職場の机周りを片付けられない人を見ていると、私は、「ああ、心がそのまま表れているな」と感じてしまいます。実は、片付けられない人は、物が捨てられないから片付けられないのではなく、心がとっちらかっているから、同じように部屋も汚い状態になるのです。部屋の様子は、あなたのたましいの映し出しなのです。

こうしたたましいは、前世では自分ではなにもしないでもいいような環境にいたのです。何でも周りの人がお膳立てしてくれたり、お世話をしてくれた環境にいたため、片付けひとつとっても、自分で段取りよくことを進めた経験が少ないのです。

片付けられない人は、何をどの順番できれいにしていけば良いのかがわからなかったりします。料理をイメージしていただいたらわかりやすいかもしれません。段取りが悪いと料理は失敗します。ラーメンを作るときに、野菜を切る前に麺を茹でたらのびきってしまいますよね。先に具を準備して、器を温めて最後に麺を茹でるのが一番おいしく食べられます。それと同じで、段取りがきちんとできれば、きれいに片付けられるはずなのです。

そうした〝物事の手順〟を考えるのが苦手だった一面を克服するためにあなたは生まれてきました。もっと言えば、客観的な分析力を身につけるために、「片付けられない」という課題を選んで生まれてきたのです。また、片付けるのが苦手な人は、心のなかを整理できないところがあります。そういった意味では、人生に対して「計画性を持つこと」を学ぶために生まれてきたとも言えます。

たましいは何百年もかかって再生してくることが多いのですが、そうすると、暮らしぶりには大きなギャップが生じます。昔なら物が少なかったぶん、「片付けられない」と悩むことも少なかったでしょう。それが今回、物に囲まれる時代を選んできたのです。これは、スポーツクラブにたとえるなら、飛躍的に進歩したマシンでトレーニングをするようなもの。「物に囲まれる」という負荷をかけて、たましいをより鍛えようとしているのです。

また、「物を捨てられない」というたましいは、先天的にしても、後天的にしても、「何かを失う」とか「物がなくて苦労した」経験をしていることが多く見られます。前世で食べることに苦労したとか、後天的な場合でも、コツコツためてきたものが火事で一気に失われたなど、〝物がない恐怖感〟を痛いほど味わってきたのです。

そんな苦い経験を経て、今のこの時代を自ら選んで生まれてきたのは、偶然ではなく必然。そこに理由があります。究極を言えば、人はスーツケースひとつあれば、十分生きられます。物があっても心が満たされていない人を私は大勢見てきました。反対に、心が満たされていれば、物にのまれないで生きることはできます。本当の幸せとは何かを見つめることが、あなたのたましいのカリキュラムなのです。

生まれてきた理由

物事を進める手順を知り、「計画性」を持って生きることを学ぶため

トラウマ17

ドアノブやつり革に触れない

誰が触ったかわからないものには触れない。
生きにくい潔癖症も、たましいが抱えるトラウマなの?

トラウマとなることは人それぞれにいろいろとあると思いますが、そのトラウマのために生活に支障が出て困っている場合もあるでしょう。たとえば、ドアノブやつり革に触れない「潔癖症」はその代表です。

まず、潔癖症について。この場合は、たましいの傾向として「自分の領域に踏み込まれるのが苦手」な性質があります。いつもきれいでいたいと思う裏には、とても過敏な気質が隠れているのです。また、前世の経験から、「人や社会を信じられない」場合も、潔癖、他者への嫌悪感という思いぐせが残ります。たとえば、ドアノブやつり革が触れない人でも、自分や親しい人の持ち物であれば問題なく触れることが多いようです。つまり、「知らない人が触ったあとだと触れない」というパターンの潔癖症の場合、「人に対しての嫌悪感」「人間不信」が隠れているのです。

また、後天的に潔癖症になった場合は、実際に何か汚いものを見てしまったということも考えられます。たとえば、身近に汚れたものを触った手で食べものを食べる人がいて、「汚い！」と感じた経験がきっかけとなって、清潔に保とうと思い始めるなど……。この場合は、限度を超えなければ、「きれい好き」ということになるのですが、そこにプラスして、次のような精神的な原因が加わると、神経質になりすぎることもあります。

たとえば親が過干渉だったとか、大人からたくさん注意を受けて育ってきた場合、自分のテリトリーにズカズカと入ってこられることに苦手意識を覚え、人をシャットアウトするのと同じ感覚で、自分と周りの物にも境界線を引いてしまうことがあるのです。

こうした気質を持って生まれてくると、たましいが繊細なだけに、いろいろな人の汚さも目についてしまうかもしれません。けれども、すべてを「許せない！」と思うのではなく、相手の事情を思いやったり、推し量ったりすることを学ぶために、あなたは生まれてきたのです。人を拒絶せずに、愛を広げていくことが課題なのです。

はじめて告白しますが、私も前世で「人を信じられない」と感じた茶坊主時代の経験があるためか、軽度の潔癖症を持っています。しかし、この世にはいろいろな環境があり、さまざまな人がいることを知ったことで、今はずいぶん改善されました。私自身、このトラウマと向き合っていく過程で、「人間愛を学ぶ」という課題を持って生まれてきたことをあらためて感じています。

また、「人前で食事ができない」というトラウマを持っている人もあります。この場合も潔癖症のケースと同様に、人間の汚さや裏表を見てきた経験があって、「人って本当に嫌だな」と感じやすいのです。ひとりで食事ができるのなら、要するに、食べ物ではなく人を受けつけていないということ。もっとも、誰でも「好きじゃない人とご飯を食べてもおいしくない」と感じた経験はあるでしょう。口というのは、スピリチュアルに見てもエナジーの出入り口。そこを開いてエナジーを交流させられるかどうかは、相手にどれだけ心を許せているかを見極めるポイントでもあるのです。

ドアノブが触れないとか人前で食事ができないという過敏な性質は、あなたが「人を受け入れていくこと」を学ぶために選んできたカリキュラムです。拒絶するのではなく、少しずつでも心を開いていくことで、トラウマが癒えていきます。

生まれてきた理由

いろいろな人を分け隔てなく〝受け入れていく〟学びのため

スピリチュアル用語解説

因果《いんが》の法則《ほうそく》

自分で蒔いた種は、自分で刈り取らなければならない。自分のとった行動の結果は、必ず自分に返ってくるという法則。相手を不快にするような行動をとれば、自分にはネガティブな影響が出る。逆に親切にすれば、良い結果が。

恋愛のトラウマ

トラウマ18

恋愛の仕方がわからない

生まれてから一度も、心から人を好きになったことがない。
私の小指には赤い糸が結ばれていないの？

最近、あちこちで耳にするようになったのは、「恋愛ができない」「恋愛の仕方がわからない」という悩みです。しかし、それがトラウマになってしまうほど、出会いがないとしたら、それは、本心では「恋愛を求めていない」ということが言えるように思います。

しかし、私たちはどのたましいもみな、恋をするために生まれてきたといっても過言ではありません。そのくらい、恋愛は重要。恋が成就するかどうかよりも、片思いであっても、別れることになったとしても、恋をしてさまざまな感情を知ることそのものが大切な学びになるからです。

恋愛ができない、恋が下手な人が増えてしまったのにはいくつかの原因が考えられます。まず、恋愛対象として好きか嫌いか以前に、人間そのものが好きではないのではないでしょうか。本当に人間が好きであれば、どんな人であってもその人の良いところや魅力的なところを見出して、愛せるものです。また、好きな人ができない、恋愛ができないと言う人に限って、外見に細かい注文をつけていたり、理想がとても高かったり……といったケースも多く見てきました。私は何も、「誰でもいいから恋愛をしましょう」と言いたいのではありません。ただ、どんな人のなかにも光る宝石のようなきらめきはある。そこを探そうとする気持ちがなければ、誰とであっても恋はしづらくなってしまうのも確かです。

たましいは、人間関係のなかでこそ磨かれます。初めは親子関係を通して学び、友達ができたり、恋をしたり、社会に出て、やがて親になったりして、人の輪を広げながら学んでいくものなのです。

この世に生まれてくる前にいた世界は、自分と同じ波長のたましいしかいないところでした。だから、意思疎通も簡単で、相互に理解し合うことができていました。しかし、そういったなかにいると、たましいは次第に「もっと違うたましいと触れ合ってみたい！」と切望するようになるのです。そうして、ようやく願いがかなって生まれてきたのがあなたなのですから、人との交流を閉ざしてしまったら、とてももったいないのです。

「恋愛ができなくて……」と悩んでいるのならばまず、あなた自身が人を愛せる心を持っているか、人を差別したりしていないかを見つめることが大切です。恋愛相手にだけときめくのではなく、あらゆる人に対してときめく感性を持っているかどうか、自分を見つめてみましょう。人づき合いができないのに、急に恋愛だけがうまくできるようになることはありません。昔ならば、ご近所の人と道ですれ違うだけでも立ち話をしたり、見知らぬ人とでも気さくに挨拶するような素朴さがありました。人と人との結びつきが自然に生まれていたのです。そうしたコミュニケーションも失われている今、恋愛がうまくいかない人がいるのも、不思議ではないことなのかもしれません。

恋愛によって、人を愛する喜びを知り、せつなさを覚え、悲しみを知る。そうして育《はぐく》まれていく感性は、周りの人への思いやりを育んでくれるものでもあります。恋愛を遠ざけてしまうと、究極を言えば、世界の平和も遠ざかってしまうのではないでしょうか。身近な人を愛せないたましいが、広い世界を愛する大我を持つのはなおのこと難しいからです。

あなたが生まれてきた理由——それは、人を愛し、互いに磨き合うためです。恋愛は、そのための大切なステップ。だから、「恋ができない」と嘆く時間がもったいない！　〝赤い糸〟は、一本ではありません。むしろ、この世で出会う人はみな、広い意味ではあなたのたましいと縁のある人。誰もが宿命の人とも言えるのです。恋人に巡り合えない宿命なんてありません。あなたが視野を広げさえすれば、恋はできます。

生まれてきた理由……人を愛するため、そして人と切磋琢磨するため

トラウマ19

好きな人に永遠に出会えない気がする

どうして私には素敵な出会いがないの？
宿命の相手はいったいどこにいるの？

人を好きになることが苦手なたましいが多いことを、前の項目で書きました。もっと言えば、恋愛をする暇がないくらい、現代人が忙しすぎることも、恋から遠ざかる原因のような気がしてなりません。人を愛するため、恋愛でさまざまな感情を学ぶためにたましいは生まれてきたのに、その課題に向き合う時間もないほど、忙しい。それで「出会いがない」トラウマに苦しんでいるとしたら、悪循環ではないでしょうか。

今、街を歩く人たちを見ていても「覇気がない」とか「目に力がない」と感じてしまう人が多いように思えます。男女を問わずくたびれ果てている。言ってみれば、たましいがフリーズしているような状態だから、とても恋をする余裕などないのでしょう。人を好きになる感覚さえ薄らいでしまっているのかもしれません。確かに、恋愛は体力も気力も必要なもの。だから、今のように、みんなが多忙な状態では、恋愛するより寝ていたいという気持ちになるのもわからなくはないのです。睡眠時間を削ってまで、恋愛する気にはなれない。そんなたましいが多くて、世間で言われるような〝草食系男子〟なども現れているのかもしれません。

でも、「めんどくさい」という理由で、恋愛や人とかかわっていくことを閉ざしていたら、ますます出会いはないし、どんどんコミュニケーションが苦手な人、フランケンシュタインのように無感情な人を作り出してしまいます。一億総コミュニケーション不全とも言える時代を選んできたたましいは、半面で強く「人とのつながり」を求めてもいるのです。「もっと、人と深くかかわりたい！」という願いを抱いて、この世に生まれてきたたましいなのです。

誰もが、「人を愛したい」と思って生まれてきました。だから、一度や二度うまくいかなかったとしても、恋をあきらめてはいけないのです。宿命の相手は誰にでもいます。どんなに忙しいときでも、出会いを求める気持ちやときめく気持ちは持ち続けること。そうしていくうちに、出会いや縁は見つけられます。想いの力によって、念力が生まれ、波長の法則で、縁を引き寄せることができるからです。

そして、恋をすれば、否が応でも相手のことを考えるようになるもの。「相手は私のことをどう思っているんだろう?」「どうしたら好きになってもらえるんだろう?」と悩む中で、「自分中心」に考える気持ちから「ほかの人のことをわが身以上に考える」ステップへと移っていくのです。こうして、誰しもが、小我から大我へと学びを広げていく。それこそが、今この時代に生まれたすべてのたましいが学ばなくてはならない共通の大きなカリキュラムとも言えるでしょう。

恋愛に関するトラウマについては、前世が絡む場合もなかにはあります。しかし、それよりもむしろ、後天的な原因があって、恋をすることが怖くなっていたり、恋がしたくなくなっているのではないかと分析しています。失恋したことが忘れられないという人もいます。しかし、失恋も、あなたのたましいを磨いてくれるすばらしい経験。昔の恋を忘れられず、それがトラウマになるほどまでに人を愛せたことは、立派な〝勲章〟なのです。

生まれてきた理由……自分中心の気持ちを捨て、他者を理解する「大我」を学ぶため

トラウマ20

女らしく（男らしく）見られない

性別は自分で選んできた宿命というけれど、なぜ私はその性別らしく振る舞えないの？

恋愛はしたいけれど、相手から異性として見てもらえない。それをトラウマに感じているなら、女性なら女性らしさ、男性なら男性らしさを身につけていくことが課題になります。歴然と男性らしさ、女性らしさが足りず、自分でもそれを自覚するのであれば、それを補っていくことが生まれてきた理由なのです。私たちは、自分の人生の学びにもっともふさわしい性別を選んで生まれてきました。ですから、その性別のなかで学ぶべきことを自覚して、自分の性を受け入れていくことが大切な課題です。

ただ、ここで言う「女性らしさ」というのも、ポイントです。美輪明宏さんがいつもおっしゃるのですが、たましいの気質で見ると、「女性は本来男らしく、男性は本来女らしい」のです。女性のほうがたくましいところがあり、打たれ強いところがあります。たましいが本来、タフなのです。対して、男性のほうが繊細で細かいことが気になったり、気が小さいところがあります。世間で言われているような「男らしさ」「女らしさ」とは反対の気質を持っているからこそ、「男らしくしなさい」「女らしくしなさい」とスローガンを掲げているのです。

ですから、女性であれば、強さを少し抑えて繊細さを学ぶことが、現世でのカリキュラム。恋愛においても、そのあたりを意識してみるといいのです。男性のほうが繊細で傷つきやすいと理解したうえで行動するだけでも、ずいぶんと違ってくるはずです。この世は、たとえれば舞台のようなもの。女性であれば、舞台の上で「女」という役を演じているのです。反対に、男性は精神的な強さを身につける学びのために生まれてきたのです。それぞれに目的を持って性別を選んだにもかかわらず、「異性として見られない」ことがトラウマに感じられるのは、裏をかえせば、人一倍、その性にこだわりを持っているということ。気にする気持ちが強い人ほど、変われる可能性も高いということなのです。

「ありのままの私を愛してほしい」という気持ちがわいてくることもあるかもしれませんが、食材を料理もせずに出すレストランはありませんよね。泥つき大根の泥も落とさず、「そのまま食べて！」というのは、相手に対しても、思いやりが足りません。女らしさ、男らしさという「役割」が気になるのなら、自分の素材をしっかり見つめて、その素材を生かせる料理をすることです。

もっとも、そうした努力をしたうえでも、恋愛ができないとか、出会いがないというなら、「自分のドラマの筋書きを決めすぎていないか」、ちょっと考えてみましょう。自分の素材をわかっているつもりでも、ちゃんと見つめておらず、本来自分に合わない人を好きになっている場合、うまく進まないことがあるのです。「キムタクがかっこいい！」と言ったところで、みんながみんなキムタクに合うとも限りません。それなのに「私はキムタクみたいな人じゃないと嫌」と決めつけて、理想ばかりを追っていると、本当に合う人が目の前を通り過ぎたって気づきようがありません。

あなたにとっては、むしろ不満だと感じる人こそピッタリの相手かもしれない、と心にとめて周りを見てみましょう。相手が違えば、あなたを「女性らしい」（男性なら男らしい）と感じてくれるかもしれないのです。ピッタリ合う素材を見つければ、あとは料理の腕しだい。恋愛はふたりの戯曲なのですから、お互いに「この役やって！」と演じ合っても良いのです。
あなたが生まれてきた理由は、自分で選んできた「役」を存分に生かして生きるため。恋愛に限らず、「自分自身を受け入れていくこと」が人生を豊かに築いていくための第一歩となるのです。

生まれてきた理由

性別も含め、自分自身の〝役〟を受け入れて、人生を築いていくため

トラウマ21

好きな相手といつも「友達」で終わってしまう

「いい人」と言われるけど、恋愛対象には見られない。
私のカリキュラムには「恋愛」は入っていないの?

いい線まではいくのに「友達どまり」で終わってしまう。「いい人」に見られて恋愛対象にならない。そんな経験が続くと、恋愛に対して消極的になってしまうのも無理からぬことかもしれません。けれど、いつも友達どまりという人は、相手に対して何もかもさらけ出しすぎていないか振り返ってみてください。

お互いに最初のころは恋愛の意識があっても、「私、過去にこういうことあってさぁ……」なんて全部オープンにしていたら、ときめきがなくなってしまいます。恋愛には神秘的な部分を残しておかないと「もっと相手を知りたい」欲求が無くなってしまいます。また、会ってすぐにセックスしてしまう展開の速い恋は、そのぶん、終わりも早めてしまうもの。たとえるならば、まるで〝ファストフード恋愛〟で、じっくりと過程を味わう発想に欠けているのです。料理で言えば、まずスープ、そしてオードブルが出てくるという手順を踏むほうが、メインディッシュへの期待が高まるのではないでしょうか。

もっとも、今は、恋愛するにはちょっとつまらない時代になってしまったのかもしれません。メールやSNSが普及して、四六時中やりとりをして恋人とつながっている気になっているけれど、実はその逆。何でもさらけ出して神秘性が薄らぎ、恋愛の持続時間が短くなってしまっているケースが多いように感じるのです。「会えない時間が愛を育てる」という歌がありましたが、私はまさにその通りだと思います。

たましいが、「恋愛」という勉強をしようと強く望んでいるからこそ、この〝恋愛しづらい時代〟をあえて選んで生まれてきたのです。実は、この時代に生まれている人の前世を視ると、多くは恋愛を経験してこなかったたましいなのです。許嫁《いいなずけ》などの〝定められた相手〟と結ばれるのが大半で、自分から進んで恋愛をしていない。そういう意味では、今の時代のほうが自分で相手を決めなくてはいけない難しさがあります。この時代に生まれるたましいはみな、ある意味で「自立して相手を選ぶ」自己責任のカリキュラムを持っているのです。

友達どまりで終わってしまう恋を繰り返す人は、こうしたことも踏まえながら、相手を探してみましょう。出会い方によっても、結果が違ってくるでしょう。合コンの席でも、いつも盛り上げ役に徹して終わってはいませんか？　人を楽しませる気持ちを持っているのは悪いことではないし、明るくリーダーシップを発揮している姿に惹かれる人もいるかもしれませんが、合コンはしょせん合コン。恋愛というのは、基本的にプライベートなことなのですから、できればふたりだけの世界を大事にして恋を始めたほうがいいのです。そして、急いで関係を進めようとせず、過程を楽しむ心の余裕を持ってみましょう。恋愛を通して感性を磨き、愛を育む学びをしたい。あなたはそう願って生まれてきました。〝あの世〟には恋愛はありません。肉体を持っている〝この世〟だからこそ、学べる感動なのです。友達になれるということとは、相手との信頼関係を結べているということですから、「私は恋ができない宿命かも……」と悲観することはありません。恋愛も基本は「人間関係」。一対一の信頼感のうえに成り立つものなのですから、少しずつ関係を積み重ねる努力をしていきましょう。

生まれてきた理由……

恋愛しづらい時代をあえて選び、
相手と気持ちを育める恋をしたい！　と望んだため

トラウマ22

想いを告げられずいつも片思い

好きな人ができても発展しないのは、
恋愛に縁がないってこと？

出会いはあるけれど、いつも片思いばかり、という人もいます。せっかく好きになれる人に巡り合えたのに、想いが通じないのは確かにつらいことだと思います。でも、厳しいかもしれませんが、あえて片思いという状況を選んでいるたましいもあるのです。

それは、どういうことか。まずひとつ言えるのは、前世での経験です。あなたが女性であれば、前世でかなり男性に苦しめられてきた経験があって、今回の人生で気になる人が現れても「待てよ、またきっと苦労するんだ」と思い込んでしまうことがあるのです。つらい出来事であればあるほど、たましいに深く刻まれてしまっているものですが、だからといって、前世の経験に縛られるために今回の人生がある訳ではありません。むしろ、その逆。前世での苦い経験を糧《かて》にしていこうとする思いが強いのです。それでも、なかには、前世でのことが足かせになって、本心では人とのかかわりを求めているのに、恋愛が怖いと思ってしまうたましいもあるのです。

また、後天的にも、「人に迷惑をかけたくない」という思いが強い人のなかには、「恋愛で相手に依存してしまったらどうしよう……」という不安感から、恋愛をあえて進展させない方向に持っていく人もいます。確かに自立することは大事だし、相手にすべてもたれかかるのはよろしくありませんが、恋愛に限らず、人間関係は多かれ少なかれ〝迷惑のかけ合い〟の部分もあるのです。人とのコミュニケーションをとるなかで、譲り合うことを覚えたり、許し合っていく。そういう人間関係の学びを望んであなたは生まれてきました。だから、恋愛を含め、人と深くかかわっていくことを避けていたら、いつまでたっても、学びが深まっていきません。嫌な思いをするのも、いい思いをするのも、人に交わってこそ。人とまったくかかわりたくないのなら、この世には生まれてきてはいないでしょう。

いつも片思いで終わる人は、恋愛の入り口の扉の前で立ち止まって「私はここまででいいです」とかたくなに線を引いているようなもの。恋愛で傷ついたり、嫌な思いをするくらいなら、片思いのほうが幸せだと決めつけてしまっているのでしょう。そんなふうに歯止めをかけてしまうと、気になる人がいても告白できなかったり、自分から進んで近づこうとしなくなってしまうのです。

でも、恐れないで扉を開けてみましょう。そこで得る経験、感動を欲してあなたは生まれてきたのですから……。恋愛は、オリンピックと同じで「参加することに意義がある」んです。感性を磨くトレーニングですから、失敗することを恐れてはいけません。たとえひとつの恋がうまくいかなかったとしても、次もそうなるとは限らないのです。**片思いにとどまってしまう心の裏に「失敗するのが怖い」という思いがあるなら、なおさらどんどん恋愛をしましょう。経験を重ね、たましいを鍛えるために生まれてきたのですから、つまずくことも、たましいが求めた〝感動〟です。**

もし、よほど合わない人にばかり出会ってしまうとか、好きになってほしい人からは好かれずどうでもいい人にばかり好かれてしまうというのなら、問題があるのは相手ではなくて自分の波長。「どうしてそうした人ばかり引き寄せるのか？　心のなかに打算はなかったか？　見た目で人を選んでいなかったか？」などを分析することが大切です。出会った人を見れば、あなた自身がわかります。あなたが惹かれた相手のなかに「あなた自身」が映し出されているのです。

生まれてきた理由

過去の失敗や苦い経験を乗り越えて、人を深く理解できるようになるため

トラウマ23

昔の恋が忘れられない

忘れたくても忘れられない大好きだった人。
あれ以上好きになる相手には、もう出会えないの？

これまでのカウンセリングでも、「過去の恋愛」については、本当にたくさんの相談を受けました。「昔つき合っていた人のことが忘れられなくて、新しい恋をする気にはなれないんです」という女性や「昔好きだった人と何とかして復縁できないか」といった相談もありました。

こうした思いぐせが強すぎるとトラウマになって、新しい恋をすることに臆病になってしまいます。思いぐせを解消しないことには、いつまでも同じ場所に立ち止まったまま。それでは、恋愛という感動を味わう機会が減ってしまいます。妙なたとえで恐縮ですが、「あの店のあの味があまりにおいしくて、今も忘れられない。もう一度食べたい！」と思っても、実際に久しぶりに訪ねると「あれ？　こんな味だったっけ？　前はもっとおいしいと思ったのに……」と感じることのほうが多いもの。過去の恋もこれと同じで、昔は良かったという印象だけが強く残っているのです。

ものには何でも〝旬〟があって、そのときだったからこそ、輝いて見えたのです。昔の恋愛は、少なくとも今のあなたより若いときの恋ですが、実は、若いぶん、感性や感度が高く、刺激が強かったように感じられて、忘れられないのかもしれません。

過去に戻ることは、実際には難しいのだと理性で受け止めることがあなたの勉強です。「昔の恋愛が良かった」と思うなら、忘れられないほど良い経験をしたことを思い出として心にとどめることが一番大事です。恋愛は感情が主体のものと思うかもしれませんが、理性で向き合えるほうが育んでいけるものでもあるのです。もし、一、二年経っても忘れられないなら、玉砕覚悟で挑んでもいいでしょう。そのときも、感情ではなく理性でぶつかってください。何もせずに打ちひしがれているよりは、もう一度ぶつかってみる。そしてダメなら今度こそは思い出にする。**そうやって、次へ向かっていくほうが良いのです。苦しいかもしれませんが、その苦しみという〝感動〟をもあなたは望んで生まれてきました。たましいを成長させるの**

は、喜びや楽しさだけではありません。苦しいことや悲しいことも経験するから、人間的に大きくなれるのです。

また、昔の恋がトラウマになってしまうケースとして、過去に好きだった人からひどいことを言われてそれが忘れられないということもあるでしょう。でも、厳しいようですが、それをいつまでも引きずるのは、相手への依存心の表れです。ひどいことを言った相手も確かに悪かったでしょう。けれど、あなたがその人を好きだったのなら、なぜその人と巡り合ったのかを冷静に考えてみてください。お互いに未熟だったのではありませんか？　ひどいことを言われたのなら、その言葉の表面だけをいつまでもとらえるのではなく、なぜ相手がそこまで言ったのかを考えてみるのです。その前にあなたが知らず知らずのうちに相手を傷つけていたかもしれません。もし、冷静に分析してもなお全面的に相手に非があるなら、「ひどい人だった」と受け止めればいいだけのこと。そこに感情をこめるから苦しくなってしまうのです。

恋愛を通して感性を学ぶためにあなたは生まれてきたのです。今の苦しみも、感性を育てるものですから、無駄にはなりません。たとえ、今は離れてしまったとしても、確かに〝たましいの縁〟はあったのです。忘れられないほど深い想いを味わわせてくれた大切な縁です。その縁を修復できなかったことをいつまでも後悔するのではなく、一時でも縁を温めることができたことに感謝して、またほかのたましいとの縁を結んでいきましょう。

出会いも縁も、たったひとつしかない訳ではないのです。

生まれてきた理由……………

恋を通して味わえる苦しみや喜びを知るため

トラウマ24 ついつい浮気をしてしまう

本命の相手が嫌になった訳じゃないのに、
つい浮気をしてしまうのはだらしがないこと?

「浮気してしまう」ことをトラウマに感じている人もいます。せっかく恋愛を始めたのに、うまくいき始めると浮気心がうずいて、ついほかの人を見てしまうというのです。実際に浮気には至らず、パートナー以外の人にときめく程度なら別に悪いことでもありません。テレビに出てくるイケメンアイドルに「キャーキャー」言っているのも、心の浮気といえば浮気ですが、心のなかだけで済むのなら、ある意味では感性豊かな人だとも言えるからです。

ただ、それが心の浮気を超えて、実際にしてしまうと話は別。恋愛していても、相手を見ているのではなく、その恋人といる自分が周りからどう見られるかばかり意識している状態なのです。「あの人はあんなにいいバッグを持っている！ 私のバッグはどう見えるんだろう?」と周りとすぐに比較し、物足りないとほかのバッグを探してしまうようなものです。

人と人には波長がありますから、あなたが浮気っぽいのなら、相手にも浮気されることもあるかもしれません。けれど、相手に浮気されたとしても、それは自分の蒔いた種が自分に返ってきたという「因果の法則」です。あなたが生まれてきたのは、こうした法則を実際に経験しながら、未熟な面を克服していくため。磨くべきところがたくさんあるからこそ、生まれてきました。浮気にしても、自分が同じ思いを味わってはじめて、ようやくそれがどれほどつらいことなのかを知ることもあるでしょう。カルマが返ってきて気づきを得る、というカリキュラムを選択しているのです。

「人は恋愛をするために生まれてきたといっても過言ではない」と前述しましたが、いつも浮気してしまうのは、まだ本当には恋愛をしようという気持ちになれていないのかもしれません。内心では恋愛をするのが怖いといった思いが隠れていることもあります。

また、なかには浮気されても気づかないという人もいますが、それはただ、「相手の真実を知りたくない」恐怖心から、見ないふりをしているだけでしょう。ほかにも、あなたのほうが相手に惚れていて、嫌われたくないから相手の浮気を許してしまうパターンに陥る人もいます。こうした恋愛を繰り返す人は、自分自身が人生の主人公であることに気づく学びがあります。相手に好かれたいからと言って、何でも迎合してはいけません。あなたは、〝自立して生きていくことの大切さ〟を知るために生まれてきたともいえるのです。

相手が浮気していないか気になって、相手を束縛したり、携帯電話を盗み見たりする人もいます。自分でも悪いことと思ってはいても止められない、気になってしかたがないという思いぐせになってしまっているのでしょう。これは要するに嫉妬心からきているものですが、言ってみれば愛の裏返しです。でも、相手が言わないことを根掘り葉掘り聞いたり、勝手に詮索《せんさく》するのは、相手への信頼がないからです。お互いをもっと尊重し、理解していく気持ちがなかったら、恋愛は長続きしません。

浮気されたり、浮気をしたりする人というのは、実は「相手に依存してはいけない」ということを学ぶために生まれてきました。浮気するのもされるのも、恋愛という人間関係において自立できていないから起こること。腹六分のほどほどの関係で、一対一の関係を築けていれば、相手のことを束縛することもなく、お互いを尊重できる関係でいられます。恋愛というのも、人間関係を学ぶレッスン。相手を尊重すること、「調和」をはかることを学ぶのです。

生まれてきた理由……恋愛を通じ、自立心を持って生きる大切さを学ぶため

トラウマ25

いつも道ならぬ恋にハマってしまう

恋人・配偶者がいる相手や、うんと年の離れた人との恋。
いつも障害の多い相手ばかりを選んでしまうのはなぜ？

いつも周りから反対されるような障害の多い恋をする、同じパターンを経験する人は、そこにたましいの学びやカリキュラムがあります。たましいが「愛に目覚めるため」に、あえて難しい課題を選んでいるのです。恋人やパートナーがいる人を好きになった場合、あなたの想いを相手に届けるだけでもハードルが高いでしょう。成就することは難しいかもしれない。それでも愛するということは、「見返りを求めない愛」を知る、大我な愛を学ぶ目的があるのです。

ただ、そうした大我な理由からではなく、「人のものほどよく見える」という理由で、恋人のいる人を好きになったのだとしたら、話は違います。自己中心的な思いは打算で、本当の愛ではありません。一見するとどちらも「パートナーがいる人を好きになった」学びをしているように思えますが、その動機こそが問われるのです。誰か一人でも傷つけてしまう恋だとしたら、たとえどんなに好きだとしてもそれは小我なのです。

また、すんなりと育めない恋愛をする人は、「障害を乗り越えてでも私を選んでくれるだろうか?」と、相手が払ってくれる犠牲で愛をはかろうとしていることもあります。オペラの『トゥーランドット』では、主人公のトゥーランドットが求婚してきた男たちに無理難題を突き付けて、もしその謎を解いたら結婚してもいいと告げるのですが、それと似ているかもしれません。愛を信じられないから、相手の心を試そうとしてしまうところがあるのです。でも、それではやはり本当の愛からは遠ざかってしまいます。

あなたはあえて難しい相手を選んで、本当の愛を見極めようとしています。自分で高い目標を立てているからなのか、反対にただ恋愛をするのが怖いからなのか。その点を冷静に分析していくことが、あなたの恋を育てていくためには欠かせないことなのです。

もし、初めは相手に恋人がいると知らなかった場合でも、人と人は波長の法則で出会っています。どうしてパートナーのいる人と出会ったのか、自分の波長を見つめることも忘れないでください。

また、いつも年の離れた人ばかりを好きになる人もいます。すべてのケースではありませんが、かなり年上の人と恋愛をするたましいは、「親に愛されたい」という気持ちを強く持っていることがあります。子ども時代に十分に愛情を注がれず、今なお父性や母性に飢えていて、無意識のうちに恋人を親代わりにしようとしてしまうこともあります。つまり、年齢差がある人ばかり好きになる以前に、家族関係のトラウマをかかえていることもあるのです。恋愛でつまずくことがあったとき、これまでの人生を振り返って、背景を見ることも大切です。

年が離れていることで周りから交際を反対されたりして「どうしてうまくいかないのか」と悩むことがあるかもしれません。この場合、周りが反対しようがふたりの間に絆があれば、何の問題もありません。むしろ、年齢にとらわれていないのですから、たましいの本質を見て選ぶことができた相手だと言えるでしょう。

こうしたたましいは前世において、年の離れた人に囲まれて暮らしていて、年長者の良いところをたくさん見てきている場合が多いのです。そのため、自然と年齢差のある人に惹かれることがあります。肉体の年齢とたましいの年齢は違います。

前世も含めた経験＝たましいの年齢が合っていれば、実際の年齢（肉体の年齢）が離れていることは障害にはならないでしょう。もし、年齢のことであなたを批判したり、反対してくる人がいるなら、その人のほうがたましいの年齢が幼いのです。

この世に生まれてきたのは、本当の愛を知りたいと願ったからにほかなりません。だからこそ、外見や年齢、収入といった〝物質的な価値観〟にとらわれない相手をあなたは選んでいるのです。

生まれてきた理由……………… **本当の愛とは何かを知るため。**
そして、見返りを求めない愛を貫くため

トラウマ26

見た目に自信が持てず臆病になる

外見は宿命というけれど、こんな外見に生まれた私は、恋をすることも許されない宿命なの?

外見のトラウマから、恋愛に対して臆病になってしまうことがあります。たとえば、体のアザが原因で、恋人がいても関係を進めることを怖がってしまったり、美人じゃないから恋ができないと悩んでいる人もいました。自分の見た目に自信が持てないと恋愛ができないと思うのかもしれませんが、むしろそういったマイナス思考が、恋を遠ざけてしまっています。

たとえば、顔に大きなアザがあったとしましょう。それも、自分の学びのために、あえて持って生まれてきているのです。本当にあなたを愛してくれる人なら、たとえあなたがどんなトラウマを抱えていても愛してくれます。外見的なことで嫌われてしまうなら、それはその人がそれまでの相手だったということ。本当の相手なのかどうかを見分けるために、そのアザが備わっているのです。実際、過去にもそうした相談を受けたことがありますが、素晴らしい人に巡り合って幸せになっている例をたくさん見ています。

すべてではありませんが、前世に起因しているものもなかにはありました。私が視てきたなかでいえば、花魁《おいらん》として生き、華やかにもてはやされた前世ゆえに、本当に愛されるとはどういうことなのかわからないまま人生を終えた例がありました。そのたましいは、今回の人生ではあえて外見的な課題を持って生まれていたのです。この場合、外見的なことは、「その人が本当の相手かを見極めるための踏み絵」。そこで引いてしまうような人なら、本当の相手ではないと見分けることができるのです。

こうした心の面での理解が深まってもなお、先天的なアザなど外見的な悩みがどうしても気にかかるなら、形成的なケアを受けてもいいと思います。そこに本人の強い意志があれば、自らの責任主体でやってみてもかまわないでしょう。見た目を変えることで、ポジティブに生きられるのなら、整形も現世を生きる〝方便〟のひとつだと言えます。

外見のトラウマについては後述しますが、「鼻が低い」など、見た目のコンプレックスがあまりにも強い場合も、本人が前向きに生きるためならば、整形手術を受けるのもひとつの道でしょう。いずれにしても、大切なのは、本人の動機。「見た目さえよくなれば悩みが全部解消できる」という物質的な価値観ではなく、心主体で、本人が覚悟を決めて臨めるかなどをしっかり見極める必要があります。

このように、医学や科学の発達したこの時代に生まれたことにも意味があるのです。もっとも、スピリチュアルに見れば、外見ではなく心が重要なことに変わりはありません。**あなたが生まれてきた理由――それは、見た目などにはこだわらず、心で愛し合える相手と巡り合うためなのです。**

外見で言えば、見た目に派手に思われたりして「遊んでいる」と言われて、傷つき、トラウマになった人もいるかもしれません。けれど、そうした場合、実はそう言ってきた相手があなたに気があって、高嶺《たかね》の花のあなたにあえてそう言っていることも考えられます。そこで、「そんなひどいことを言うなんて！」と怒ったり、嘆いたりするのではなくて、「私がそんな女に見える？」と切り返してごらんなさい。そうしたら、そこに恋のドラマが生まれるかもしれないのです。相手が、どういう理由でその言葉を言ったのか、想像する感性こそが〝恋〟を生み育てます。

外見はしょせんこの世にいる間の方便にすぎません。あなたは、周りの人の心やたましいを〝本質〟から見極められるようになるために、その外見を自分で選んで生まれてきたのです。

生まれてきた理由…………本当に愛し合える人と巡り合い、真の絆を築いていくため

トラウマ27 幸せになれない相手に固執してしまう

恋が成就すると急に相手が魅力的でなくなったり、逆に、相手に合わせすぎてしまう。これは本当の愛？

つき合い始めるまでは良かったのに、つき合い始めたとたんに相手の粗ばかり目につく。こうした出会いをするときは、「お互いを尊重すること」を学ぶ課題があります。どんなに想い合っている関係でも、たとえ一緒に住んでいても、あなたとパートナーは、別々の存在。ひとりひとりが主体性を持ったうえでなければ、絆は育めません。相手への理想ばかりが高まって粗が目につくときは、相手をひとりの個として尊重できていない状態なのです。理想と違うというならば、相手の素材を生かしたうえで、上手に料理していけば良いだけのこと。お互いに磨き合う努力をせずに「気に入らない」と言うのは、厳しい言い方をすれば、相手に甘えているのです。

人は誰しも、自分自身を見つめるために恋をしています。恋愛を通して出会った相手を鏡にして、自分を深く見つめていくことが、大きな勉強なのです。あなたは、自分という素材を見極め、理解していくために生まれてきました。好きになった相手を通して、自分を知る努力を忘れてはいけません。

たとえば、いつも相手にとって都合のいい状態で放置されてしまう恋愛を繰り返す人がいます。好きな人に嫌われたくないという思いから、何でも相手の言いなりになってしまうのです。けれど、実は、そういう状況に甘んじている自分を反省して、もっと自分を大事にしなくては、幸せな恋愛を引き寄せられません。「私はどうして愛されないの？」と自信をなくすのではなく、まず先に、自分の尊厳を守れていないことに気づいてほしいのです。あなたは、もっと大事にされるべき存在なのです。

あなたがこの世に生まれてきたのは、人を愛し、愛されるなかで、他者を思いやれる人間に成長していくため。ここでいう「他者を思いやる」とは、あなた自身を軽んじてまで相手に合わせるという意味ではありません。自分のことも尊重したうえで、はじめて他者への愛も育めるのです。自分を傷つけてまですがる愛は、本当の愛でしょうか？　この恋愛を失ったら、何もかもなくなるんじゃないかと恐れるのは、本当の愛ではありません。何もないよりも恋人がいたほうがいいかな……と考えるのも違います。

雨漏りしているところをいつまでも修理しなかったら、いつか大きな被害が出てしまうでしょう。それと同じで、相手との関係において「このままではいけない」と気づき始めたのなら、今が関係を変えていく機会。対等でいられる関係を築き、そのなかで愛を育てていくことが、あなたのカリキュラムなのです。

あなたが生まれてきたのは、ひとつの恋愛に固執するのではなく、たくさん経験をするため。恋を通して喜怒哀楽を大いに味わうためなのです。もちろん一途《いちず》にひとつの恋を続けるのも「継続」という学びではありますが、自分自身を大事にできていない状態で続けてもむなしいだけ。そして、あなたのたましいは、そのむなしさにすでに気づいているのではないでしょうか。たとえば、一年中、同じ服しか着ないで過ごすのは味気ないものでしょう。いろいろな服を着るからこそ、どの色なら自分に似合うのかということも見えてくるのです。恋愛も同じ。いろいろな出会いがあるから、あなた自身が見えてくるのです。

生まれてきた理由……

恋愛を通して自分自身を見つめ、お互いの「個」を尊重していくため

トラウマ28

別れを受け入れられない

私たちは別れる運命だったの？
未練があるから、次の恋なんてできません

この世には、出会いがあれば別れがあります。どんなに好きな相手であっても、想いがすれ違って別れを迎えることもあるでしょう。これまで受けてきた相談のなかでも、「別れたいと言われたことが受け入れられない」という悩みや「結婚するつもりでつき合っていたのに別れを告げられた。ショックで立ち直れない」といった悩みをたくさん聞いてきました。もちろん、一度は心から愛し、愛された相手と別れるのはつらいことだと思います。ずっと前に別れた恋人が忘れられず、「新しい恋ができない」人もいます。

けれど、別れを受け入れなければ、前へ進むことはできません。あなたに心があるように、相手にも心があり、それは縛ることのできないものです。たとえば、「長くつき合ってきたから結婚してくれると思っていた」というのも、相手の心を契約によって所有できる〝物〟のようにとらえていたのかもしれません。残念ですが、人の心は交際した時間の長さで縛れるものではないのです。

あなたに限らず、たましいはみな、一期一会を繰り返し、一時一時に想いを込めて生きるためにこの世に生まれてきました。現世で旅を続けているなかで、今日これから何が起こるかは誰にもわかりません。わからないからこそ、人生は感動に満ちているのです。突然別れを告げられたとしても、そうした予想のつかない人生を望んできたのはあなた自身です。災難が降ってわいたのではなく、突然波瀾が起こることをも求めて、この世に生まれています。今のままの状態が永遠に続くことは、どんな人においてもありません。究極のことをいえば、恋愛での別れが来なかったとしても、突然、愛する人がこの世を去ることだってあるのが人生です。そう思えば逆に、今というときがいかに大事なものかが見えてくるのではないでしょうか？

一時一時に想いを込めて過ごすことができていれば、たとえ別れることになっても、ふたりの間に思い出という宝石は残るはずです。お互いに愛し合い、理解しようとつとめた日々まで全部なくなるわけではないのです。互いに磨き合った宝石を持って、次の出会いを求めるのが、人生の旅を充実させる一番の方法。たましいは、ひとつでも多くの恋をし、感性を磨き、大我の愛を知るために生まれてきたのです。ひとつの別れは、次の出会いにつながっていくものなのです。

恋愛の過程で、今というときに想いを込めることは、「アルバムに入れる写真」を撮っているようなもの。たとえ恋が終わっても、その写真は残ります。思い出まで消えてなくなるわけではありません。別れたくない……と、いつまでも昔の写真を眺めている間にも、時間は流れます。人生は、思っているよりも速く過ぎていきます。忘れてしまっているかもしれませんが、この世に生まれてきたい！と思っているたくさんのたましいのなかから、あなたは生まれてきたのです。両親の肉体を借り、ようやくこの世に旅をしにくることができた存在です。そのことを思えば、いつまでも悩んだり、立ち止まっていることがどれほどもったいないことかわかるのではないでしょうか。あなたは、霊的なふるさとである「グループ・ソウル」のなかから、この世に生まれてきました。現世でたましいを磨いて、やがてそのふるさとに戻る日まで、精一杯生きることがあなたの役目でもあります。いわば〝代表選手〟なのですから、ひとつでも多くの経験を積むことが大事なのです。「会うは別れの始め」ということわざがありますが、「別れは出会いの始め」でもあるのです。いつまでも過去にこだわっていると、波長が下がり、新しい縁が遠のいてしまいます。

なかには、別れを告げられるのが怖いからと、ずるずるとあいまいな関係を続けているカップルもいるかもしれません。けれど、別れを恐れないことです。結婚したいなら「結婚してくれないのか」と聞けばいいだけのこと。いつまでもウジウジとしているよりは、はっきり聞いて、その結果しだいでは次に行く！　という前向きさが必要です。

ひとつでも多くの経験をするために生まれてきたことを思い出してください。たくさんの恋をしたくて、あなたは生まれてきたのです。

生まれてきた理由

たくさんの恋愛をし、人生のアルバムに一枚でも多くの写真を残していくため

波《は》長《ちょう》の法《ほう》則《そく》

「類は友を呼ぶ」の言葉通り、波長の高いたましいはポジティブな出会いを引き寄せ、波長の低いたましいはネガティブな出会いを引き寄せる。たましいを磨き向上させることで、志の高い仲間と出会うことができるようになる。

結婚のトラウマ

トラウマ29

誰とも結婚できない気がする

私は一生ひとり？　誰とも結婚できない宿命なの？
適齢期を過ぎても結婚できそうにありません

「結婚は忍耐の修行です」

私はよくこのようにお話ししています。恋愛はお互いの感性を磨き合うものですが、結婚は、夫婦という共同体として社会に向き合う学び。親戚づき合いや子育てなど、ままならないこともたくさん味わいながら、絆を育んでいくのが結婚です。結婚指輪という〝つるはし〟を交換して、ともに金山を掘る労働のようなもの。たまに砂金が見つかって「よし、もうちょっと頑張ろうか」と思うような、地道な労働です。これが、スピリチュアルに見た「結婚」で、あくまでも学びのカリキュラムのひとつなのです。

最近、「結婚できない」という悩みを抱える人が多いようです。社会に出て仕事を頑張っていたら、いわゆる〝適齢期〟が過ぎてしまい、焦っているという人も増えています。なかには、〝婚活〟などといって、結婚するための活動をまるで就職活動のように行う人もいると聞きますが、そうした人は、結婚が忍耐の場であることを十分に理解できていないのかもしれません。結婚すれば幸せになれるんだという幻想や、生活が楽になるという依存心が潜んでいるように思います。

そもそも、結婚するかしないかは、「宿命」で決まっているものではありません。自分の意志で決めることのできる「運命」の部分です。言ってみれば、するも自由、しないも自由なのです。けれど、「私は結婚できない」と思い込んでいる人は、結婚は「宿命」だと思っているのではないでしょうか。

もっとも、このように「結婚」にこだわる人は、たましいの流れから視ても、幾通りかの傾向があります。すべてではありませんが、たとえば前世で結婚していて大変な苦労をしている場合。また反対に、修道院などにいて生涯独身を貫いた人生であったことも考えられます。してもいないのに「結婚はこりごり」と思っていたり、結婚に対してイメージがわかないことがあるのです。

そうしたたましいの経験を持っている人は、「今度は幸せな結婚をしよう」と意気込んで生まれてきました。「結婚を通してもっと社会性を身につけたい！」と望んできたのです。これまで視てきた例でいっても、「結婚できない」とか「結婚したくない」と感じるたましいほど、逆に結婚が学びのカリキュラムとなっているケースがたくさんありました。焦ることはありません。カリキュラムに入っているなら、時期がくれば、結婚を考えますし、自分の意志で縁を作っていくことができるはずです。

そのほか、とくに女性からよく聞く思いぐせに、「婚期を逃した」があります。「婚期を逃したから、結婚できないんじゃないか」というのです。でも、そもそも婚期って何でしょう？　実は、それは〝自分で決めたリミット〟にすぎないのです。たましいに年齢制限はありません。肉体の年齢にこだわることはないのです。たましいの学びとしてふさわしい時期は、人それぞれに違うものだからです。

それでも必要以上に「婚期」や「年齢」が気になる人は、前世で、親や周囲の誰かが作ってくれた流れに乗っているだけでよかった可能性があります。そのため、時期がくれば結婚しなければ……という気持ちになり、「いついつまでに何をしなければいけない」と焦ってしまうのかもしれません。

今回生まれてきたのは、人から決められた通りの人生を歩むのではなく、他人の

意見や価値観に縛られない生き方をするため。人生は、自分が主人公となって主体的に生きなくてはなりません。結婚したいのか、したくないのか。結婚したら仕事を続けるのか、家庭に入るのかなど、自分で選択していかなくてはいけないことの連続なのです。自分で決めることができるだけの冷静さ、客観性を今のあなたは持てていますか？　まずそこから内観しましょう。

生まれてきた理由……**自分の意志で結婚するかしないか選択し、社会性を広く身につけていくため**

トラウマ30

なかなか結婚に踏み切れない

マリッジブルー、周りからの反対……。
結婚したくてもなかなか環境が整わないのは縁がないから?

結婚を控えた人のなかに、急に不安になったり、「やっぱり結婚するの、やめようかな」などと心が揺れる人がいます。いわゆるマリッジブルーですが、こうした思いを抱く人の前世を視てみると、許嫁がいて結婚したけれど、結婚して姑とうまくいかなかったとか、夫と合わなかった、夫から横暴な扱いを受けたなど、いろいろと苦労をしてきた過去が視えることがあります。すべてではないのですが、過去の結婚で苦い思いを味わったために、今の人生において結婚するときにも、「本当に結婚してもいいんだろうか。大丈夫だろうか」と不安になってしまうのです。

前世を考えると、今とはまったく時代背景も異なります。とくに前世を女性で生きたたましいにとっては、結婚はまさしく一大事で、それによって人生が決まってしまうようなところもあったでしょう。それに、自分の意志で結婚相手を選べることなどまずなかったでしょうから、どんなにつらくても耐えるしかなかったのです。

そうした前世を経ているからこそ、「今度こそは、悔いのない結婚をしたい」「夫婦、二人三脚で歩いていきたい」とあなたは望み、強い意欲を持って生まれてきたのです。前世でつらい経験をしていると「もう結婚したくない」と思ってしまう場合もあるかもしれませんが、実は、仮にそう感じたとしても、たましいのほうはむしろ反対に、「次は乗り越えたい」と前向きに結婚をとらえていることのほうが圧倒的に多いのです。こうしたたましいは、結婚しても、相手に依存しない生き方をしたい、お互いに束縛せず自立した夫婦でありたいと志しています。

つまり、本当に幸せな結婚とは何かを真剣に考えるあまり、マリッジブルーに陥ることもあるのですが、それ自体は、べつに悪いことではありません。感情でうかれて決めるのではなく、冷静に理性で判断して、ときには「本当に大丈夫かな」と立ち止まるくらいの慎重さが、本来は誰にとっても必要です。結婚前に、疑問を感じたり、ためらいが生じることがあったら、その気持ちにフタをしてはいけません。それが、たましいからのサインかもしれないからです。じっくりと分析し、自分のなかでゴーサインが出てから話を進めても遅くはありません。

また、マリッジブルーのように本人の気持ちの問題ということではなく、周りから結婚を反対されてうまく進まないこともあるかもしれません。この場合、すべてではないのですが、前世で親の言いなりになっていたとか、結婚しても自分を押し殺すような経験をしていることがあります。自分を持てずにいたため、今回の人生では「己《おのれ》の足で人生を歩みたい」ということを自ら課題に選んで生まれてきています。結婚を反対されるのも、「反対されても愛を貫けるのか」を試されているということ。**あなたが生まれてきた理由——それは愛を貫くため、試練を乗り越えて人生を自分で築くためです。ある意味で、再チャレンジをしたくて生まれてきたのです。**

マリッジブルーにしても、結婚を反対されたにしても、その現象だけをとらえて悩むとつらくなってしまいます。でも、考え方を変えれば、その悩みこそがあなたのカリキュラム。その課題に向き合うために、生まれてきたのです。直前に結婚をとりやめた過去がトラウマになっている人もいるかもしれません。そうした人は、「この愛は本物ですか?」と問われたということ。そこでうまくいかなかったことにも意味があります。自分を否定するのではなく、うまくいかなかった理由を分析してみましょう。結婚という学びがあなたのカリキュラムにあれば、また、次なる出会いは訪れます。過去の出来事を悔やみ続けていると波長が下がって、出会える縁さえも遠ざけてしまいますから、まずは「自分のたましいの成長のために必要な学びだった」と受け入れていきましょう。

生まれてきた理由……………悔いのない結婚をするため。
自分の信じる愛を貫いていくため

トラウマ31

結婚相手を間違えた

パートナーと価値観が合わずすれ違いの私は、結婚には向いていないのでしょうか?

いざ結婚してみたものの、パートナーと合わない。金銭感覚も違うし、子育ての価値観も違い、どうしてこんな人と一緒になったんだろうと思い始める。夫婦というもの、結婚というものに対して、結婚前に抱いていたイメージとまったく違うことが起こると「結婚自体に向いていなかったのか」と考え込んでしまうかもしれません。しかし、スピリチュアルな視点で見れば、あなたが生まれてきたのは、そういった〝難題〟に向き合うためとも言えるのです。

不思議なもので、あなたと何もかもしっくりくる相手が、結婚のベストパートナーとはかぎりません。あえて、合わない相手との結婚を自分で選ぶこともあります。結婚するときには、実はふたりの守護霊同士が協議し、互いの学びになるかどうかを話し合っています。ただし、守護霊は「このふたりならラブラブになれそうだから、結婚させよう」と話し合うような、ロマンチックなキューピッドではありません。仮に離婚に至ったとしても、離婚という試練を味わうことが学びであれば、ふたりを結びつけるのです。

家族というのは「学校」のようなもので、カリキュラムに沿って勉強していくところなのですが、夫婦はそのなかでもとくに密な関係です。クラスメイトとして机を並べるような近さがあります。そこで、互いに切磋琢磨しながら勉強していくことを望んで、あなたは生まれてきたのです。

もし、結婚生活で学ぶことがまったくない関係なら、はっきり言って結婚しません。たましいが結婚へとは向かわないのです。結婚相手と前世でも夫婦だったり、あるいは親子だったり、前世では結婚できなかった恋人同士であったりなど、人それぞれさまざまな縁があり、学びの目的があって出会い、結婚するのです。

ある意味では、結婚に向かない性質を持っているたましいだからこそ、あえて負荷をかけて鍛えるために、結婚を選ぶとも言えます。**あなたが生まれてきた理由――それは、結婚によって「人と人は価値観が違うものだ」と学び、その違いを乗り越えていくため。あなたの頭では「結婚に向かない」と思える相手だったとして**

も、たましいは逆に「だからこそこの人と一緒になろう」と決めてきたと言えるのです。

それに、「結婚に向いていないなあ」と感じるくらいのほうが、実はお互いを尊重し合えるように感じます。「愛してるよ」と言い合っているラブラブなカップルのほうが案外早く別れてしまう例も、たくさん見てきました。熱にうかされて結婚した夫婦は、冷めると終わってしまうおそれがあります。それとは反対に、最初から適度な距離感があれば、相手をひとりの人間として冷静に観察することができます。そして、そのくらい理性的につき合えるほうが、夫婦としてうまくやっていけたりもするのです。

現世的な価値観だけでみると、「合わないんだから離婚しかない」と思うかもしれませんが、スピリチュアルに見れば、「どうすれば許し合えるか」を学ぶために、合わない相手と出会ったととらえたほうがいいのです。

もし、自分の側に直したほうが良いと思えることがあるなら、「合わない」とさじを投げるのではなく、相手のよい部分を引き出せるようにあなたから軌道修正していくこともできます。本当に相手を愛していなければ、相手のために行動しようとは思えません。それほどまでに思える愛かどうかが常に問われている。そういうふうに考え方を変えてみましょう。「結婚は失敗だった」とトラウマに感じることがあったら、そのときこそ、あなたが生まれてきた理由を思い出してください。なぜ、この結婚をしたのか、おのずと見えてくるでしょう。

生まれてきた理由……………

結婚によってお互いの違いを理解し、〝受け入れていく〟ことを学ぶため

スピリチュアル用語解説

幸福《こうふく》

スピリチュアリズムの視点では、幸福とは地位が上がったとか収入が増えたなどという物質的なことや対外的な成功のことではなく、試練を克服しながら愛を学び、たましいを向上させることによって得られる喜びのこと。

子育てのトラウマ

トラウマ32

子どもができない

「子は親を選んで生まれてくる」と言うけれど、私は子どもに選ばれない宿命だったの？

過去の相談のなかでとても多かったのが、不妊、子どもができないという悩みでした。「子どもを産めない私は、女としての役目を果たせていない気がする」という方もいましたし、何年も不妊治療を続け、流産を繰り返して、体だけではなく心も深く傷ついている方も大勢見てきました。

過去のカウンセリングで見てきたからこそ申し上げるのですが、子どもができないことをトラウマとして抱えているのは、あなただけではありません。「子どもはまだなの？」と聞かれ、泣きたい気持ちになったこともあったかもしれません。でも、言いたい人には言わせておけば良いのです。そこで「どうしてこんなつらい目に遭わなくてはいけないの？」と思わないほうが良いのです。

子どもは、スピリチュアルに見れば、天からの預かりもの。親の肉体を借りてはきますが、あくまでも、子どもは預かったもので、育てるボランティアをさせてもらうものなのです。子どもができずに悩んでいる人のなかには、子どもをまるで物のように考えて「あの人は持っているのに私が持てないのはどうして？」と考えている人もいました。でも、そういうふうに考えているうちは、子どもはやってきづらいのです。子どもは、ブランドのバッグのように持ってひけらかすものでもないし、人と比べるものでもない。そういったことをたましいで理解できるかどうかをまず、振り返ってみてください。

子どもができない、という人の前世には大きく分けてふたつのパターンがあります。ひとつは、前世ですでに子だくさんな人生を経験していて、もう十分に子育てをしてきたケース。この場合、今回の人生では、大変だった子育てはお休みして、その時間にもっと別のことがしたい、自分の人生をゆっくりと堪能《たんのう》したいという想いがあって生まれてきたのです。子どもを持たないことを自分のカリキュラムとして選択してきた人は、今たとえ子どもができなくても、「うちは子どもはなくても、いろんなことがありますから……」と受け入れられて、どことなく泰然自若としています。よその子どもを見てもかわいいと思えるし、子どもは欲しいけれども、できないからといって自分を責めたり、悲しいと思い詰めるようなこともありません。前世で子育てを十分してきた場合、今生では進んで養子を迎えるなど、〝わが子〟にこだわらない子育てに目を向けることもあります。

ふたつめは、前世でやむをえず子どもと別れたり、子どもを育てる力がなかったために見捨ててしまったといった経験をしているケース。そうしたたましいだからこそ、逆に今生では、子どもの尊さを知るカリキュラムを選んできたのです。子どもを愛《いと》しく思う気持ちがわくようになるまで、今の不妊という状態が続くかもしれません。これまで視てきたなかにも、ヒステリックになってしまう人、たとえば、子どもの写真入りの年賀状を見るだけで嫌な気持ちになって破いてしまう人もいました。つらいのはわかりますが、そういう気持ちになること自体、まだ母性が足りていないのかな……と感じてしまいます。

また、夫や家族の面倒を見ることがその人にとっての「子育て」というケースもあります。赤ちゃんの姿をしていない赤ちゃんが、すでにあなたの近くにいるのです。部下が子ども、という場合もあるでしょう。お腹を痛めた子どもでないとわが子と思えないのではなく、どの命もわが子として愛する。そういう大きな愛、大我を学ぶために、あえて、子どもを持たない生き方をたましいが選んでいることもあります。

意地悪く聞こえてしまうかもしれませんが、子どもを持てないことを学びとして持って生まれたたましいもあるのです。『江原啓之のスピリチュアル子育て』という本のなかで「あなたは子どもに選ばれて親になりました」と書いたのですが、その一節をとらえて「私は子どもに選ばれなかったということですか?」と質問される人もいました。そういう考え方自体違うことだと、もうおわかりいただけるでしょう。選ばれなかったのではなく、あなた自身の学びのために選んでいないということ。そこに必ず意味はあるのです。

生まれてきた理由

子育て以外の学びをするため。あるいは子どもの尊さを知るため

トラウマ33

子どもが自分の嫌なところに似ている

せっかく子どもが生まれたのに、
なぜよりによって嫌なところばかりが似てしまうの？

いつも動作がとろい、だらしないなど、子どもの様子を見ていて「どうしてこんなに私にそっくりなの！　嫌で仕方がない！」と感じる人がいます。まるで生き写しのような姿を見ると、子どものことがかわいく思えなかったり、それどころか、憎く感じてしまう。行きすぎた場合には、虐待や育児放棄にもつながりかねない問題です。

でも、どうして嫌に思う部分を持ったお子さんがやってきたのか、考えてみたことはありますか？　あなたが「嫌だ」と感じている部分は、実は子どもの問題ではなく、あなた自身の問題なのです。あなた自身がまだ乗り越えられていないことが子どもに映し出されているのです。子どもは、それを教えてくれるありがたい存在。自分の未熟さを見せつけられたからといって、子どもにあたったり、きつい言葉で責めてはいけません。どこがどう嫌に感じるかを分析して、「それは私のなかにもある傾向では？」という視点で自分自身を見つめ直してみましょう。

たとえば、子どもが公園で友達の輪から外れひとりで遊んでいるのを見て、「どうしてうちの子は仲間外れにされているの？　いじめられているんじゃないか」と思ったとします。実は、これは〝親のフィルター〟で子どもを見ているだけかもしれないのです。親のなかに、いじめられたり、人から仲間外れにされることに過剰に反応する部分がなければ、「ああ、うちの子はひとりで遊ぶのが好きなんだな」と思って終わるはずなのです。子どもを見ているときにどう感じるかは、あなたがあなた自身をどう見ているかを表しています。

あなたが生まれてきた理由――それは自分の未熟さを知り、少しずつでもたましいを成長させていくためです。親子という関係で巡り合った子どもは、あなたの未熟さを教えてくれるありがたい存在なのです。お互いに「この人とならしっかり磨き合える」と思ったから、親子として出会っているのです。

親になるとき、あなたは国家試験を受けましたか？　受けていないでしょう。資格をもって親になった人など、この世には誰もいません。だから未熟なところがあって当然です。子どもを育てていく過程で、親にさせてもらうのです。私もふたりの男の子の父親ですが、私自身が早くに父を亡くしていたため、どう接して良いのか、まったくわかりませんでした。息子から「お父さんなら普通はキャッチボールをするものだよ」と教えられたくらいです。

子どもを持ったことで、それまでの人生では経験できなかったことを知る人もいるでしょう。たとえば、自分は優秀だと言われて育ってきたのに、子どもはとにかくやんちゃで喧嘩ばかりという親子の場合は、「頭を下げたことのない親が、子どものために下げる」学びのために、親子になったのです。弱い者の気持ちを知る学びだったりもします。反対に、「鳶《とび》が鷹を生む」ということわざ通りの親子もいるでしょう。学び方はさまざまですが、親子関係を通してお互いのたましいを磨き合うために生まれたのは、みんなに共通しています。

こうしたたましいは、「子育てを通して〝大人〟になる」目的を持って生まれてきたのです。たましいのレベルで「子どもがかわいくない」と思ってしまう人のもとには、子どもは生まれてきません。あなたのもとに子どもが生まれてきたのは、「子どもを通して学ぶ」必然があったから。逆に言えば、あなたは「子どもととももに積極的に学ぶ」目的があったからこそ、子どものいる人生を選んだのです。
子どもを自分の所有物のように考えるのではなく、別々のたましいを持った存在として見つめてみましょう。子どもはあなたの鏡です。子どもが教えてくれることを謙虚に受け止めましょう。

生まれてきた理由……………

子どもという存在を通して自分を見つめ、本当の意味での〝大人〟になるため

トラウマ34

子どもが言うことを聞かない

このままでは不良になってしまうのではないかと心配。

私の育て方が間違っていたの?


いつも子どもに反発される。親の言うことをまるで聞かない。

そんな親子関係が続いていると、子育てそのものに自信をなくしてしまうでしょう。しかし、言うことを聞いてくれない子があなたのところに生まれてきたのも、必然なのです。

そもそも「言うことを聞かせよう」としているのは、なぜですか? もちろん、道徳に反することをしようとしたとか、危険なことをするのを止めようとしたなら、親としての役目の範囲でしょう。しかし、おそらくここで言う「言うことを聞かない」は、親の思い通りにならない、という愚痴ではないでしょうか。子どもは、あなたの私有物ではないのです。子どもが非行に走ったらどうしようなどと案ずるあまり口を出したくなるのかもしれませんが、子どもには子どもの人生があります。

子どもは「言うことを聞かない」ことであなたに意思表示をしているのかもしれません。子どもの発する言葉、行動はどれも、親子関係の状態を見極めるリトマス試験紙のようなものです。あなた自身の姿を映し出してもいますし、あなたのトラウマを子どもが教えてくれることもあるのです。

たとえば「いい学校に行くために勉強して」と言っても聞かないというなら、なぜあなたがそれほどまでに学歴にこだわるのかを先に見つめることです。自分自身に学歴コンプレックスがあって、「もっといい学校に行っていたら人生違ったのに……」という後悔があるのではないでしょうか？　あるいは、あなた自身が親から「いい学校に行けば幸せになれるんだ」と言われて育ち、その通りにしてきたこともあるかもしれません。

大切なのは、あなたのトラウマを子どもに代理で解消させようとしないこと。あなたが生まれてきたのは、自分のトラウマに向き合い、解決するためです。子どもの人生とあなたの人生は別のものなのです。子どもが言うことを聞かないのは、あなたが自分のトラウマから目をそらさないように、課題を見せてくれているのではないでしょうか。

もっとも、あなた自身のトラウマではなく、本当に子どものためを思う大我の行動というケースもあるでしょう。あなたの動機が正しいのに、それでも子どもが言うことを聞かなかったり、反発するようであれば、あとは子ども自身の学びです。無理に従わせようとするのではなく、子どもが「親の言っていたことは正しかったな」と思うときがくるまで見守ることです。どちらにしても、子どもはあなたのものではありません。とくに母親の場合、自分が産んだ子という意識から「守ろう」とする気持ちが強く働くこともあると思いますが、直接手を出すのではなく、目をかけ、子どもの言葉に耳を傾け、想いを込めるという学びをあなた自身もしているのだと受け止めましょう。

前世で言えば、逆に、あなた自身が親の言うことを聞かず、自由奔放に生きてきた経験がある場合もあります。その場合は、前世での「親の苦労」を今、経験を通して学んでいるということです。いずれにしても、子どもはそこに存在するだけで親孝行です。「うちの子は言うことも聞かない。親不孝だ」と決めつける親がいますが、どの子も親に未熟さを教え、見守り育てることを実践させてくれる孝行者なのです。

子どもが言うことを聞かず反抗ばかりでは、あなたはつらいかもしれませんが、あなたのたましいにとっては幸いなのです。

生まれてきた理由……自分自身のトラウマから逃げずに向き合い、克服するため

スピリチュアル用語解説

必然《ひつぜん》

スピリチュアリズムでは、人生のすべての出会いや出来事には理由があり、偶然ではなく必然だと考えられている。トラウマとなっている、あなたの悩みの種も必然。人生をより良くするためにある課題なのだ。

家族のトラウマ

トラウマ35

親に愛された記憶がない

親から大事にされなかった私。
それでも親を選んで生まれてきたの?

親に大事にされた記憶がない、愛されてこなかった。そうした親子関係におけるトラウマは、心に根深く残るものだと思います。過去に受けてきた相談のなかでも、「どうしても親を許せない」「復讐したいほど憎い」という例がありましたし、親がギャンブルや酒におぼれて、子育てを放棄されてつらかったといった話もたくさん見聞きしてきました。

親とは名ばかりで、たましいの成熟度でいうと子どものほうが大人で、親のほうがまるで子ども、という逆転した親子もいました。だからこそ、申し上げるのですが、親のことが憎くてたまらないとか、親に愛されたことがなくてつらいと感じる人は、「親を親と思わないこと」です。この世に生まれてくるために肉体を一時借りた存在くらいに受け止めるのです。親だと思うからこそ期待もするし、失望もし、怒りもわいてくる。でも、「この世に生まれさせてくれてどうもありがとう」とだけ思っていれば、そこから先は、あなたの人生は自分で自由にかじ取りしていいのです。

実は、こうした親子関係を経験するたましいは、人一倍「自由」を求めて生まれてきています。前世で、親から束縛されて窮屈な思いを味わった経験があるのです。そのため、今回生まれてくるときに「親に縛られないで生きたい」と願い、ふさわしい親をキャスティングしてきたのです。言葉は悪いかもしれませんが、さっさと捨てることができる親を選んだのです。もし良い親だったら、「私を置いて出ていくのかい？」なんて聞かれたら「ああ、申し訳ない」と胸が痛みます。だから、あなたはあえて未熟な親のもとを選んできたのです。独立独歩の人生を歩みたい！　たましいがそう強く望んでいることをまず受け止めましょう。

ただ、前世の傾向としてはほかにもパターンがあり、「前世では親の立場にあり、わが子に対して同じようなことをしていた」ことも考えられます。この場合は、今生で自分が反対の立場になることで、子どもが味わっていた苦しみを知ります。親から関心を向けられなかったり、理不尽なことを言われるたびに、厳しいようだけれども、そのことを通してたましいは学ぼうとしているのです。だから、目をそらさず、親と向き合うことが課題になってきます。一概には言えませんが、「親に復讐したい」と思うような強い感情がある場合は、この〝前世とは逆の立場で学ぶ〟課題を持ってきています。

「親の存在は大きい」と思うかもしれないけれど、代わりはいくらでもいます。教師、近所のおじさん、おばさん。そうした人も、あなたの親代わりになってくれることがあります。家族という〝学校〟のなかで、親という〝担任の先生〟がいないのは苦しいことかもしれません。でも、〝副担任〟だっている。そうとらえてみましょう。

この世には光と闇、そして正と負があります。あなたがこれまでの人生で、親に苦労させられたり、親への怒りを覚えたりして、嫌というほど負を味わってきたのなら、もう十分「闇」は見ています。次には「光」を学ぶ番です。だからこそ、いつまでもトラウマに縛られないようにしましょう。光が見えづらくなってしまいます。あなたは自立した生き方を望んで、その親を選んで生まれたのです。

生まれてきた理由……

親からさっさと独立して〝自由〟に生きていくため

トラウマ36

親を亡くした悲しみが癒えない

親と死別した悲しみが癒えません。
この喪失感をどうやって乗り越えればいいの？

私も4歳で父を、15歳で母を亡くしていますから、「親と死別する」ことがどれほどせつないか身をもって味わっています。とくに、まだ幼いうちに別れてしまうと、喪失感が強く残るかもしれません。けれども、そうして人生のはかなさを早く知るのは、いい面もあるのです。死に別れだけでなく、親の離婚によって離ればなれになることもあるでしょう。そうした場合も同じで、早くに別れてしまう寂しさはあるものの、半面、「親から自立すること」を早期に学ぶことができます。あなたは、人に依存しない強さを身につけていくために、親と別れるカリキュラムを選択してきたのです。

前世の流れを視てみると、すべてではないものの、親にものすごく束縛された過去を経験していることがあります。干渉されたり、親の言うとおりに行動しないと叱られたりした経験があると、「今度は親に縛られず、自由に生きたい」とたましいが望むのです。

家族はあくまでも現世的な「配役」にすぎません。親と別れる脚本を自分で描いて、親を決めてきたととらえていただけたらと思います。親と別れることは確かにつらいことでしょう。でも、その経験がもたらしてくれるプラスは必ずある。むしろそれを得るために、親との別れがあったともいえるのです。

反対に、前世で親にとても迷惑をかけていて、「今回は親のありがたみを知りたい」という理由で、親と別れる環境を選んで生まれてきたということもあります。いずれの場合にしても、親がいないことをトラウマと思うのではなく、自分自身のたましいの成長のために、ふさわしい親を選んできたのだと受け入れていくことが大切でしょう。**あなたが生まれてきた理由は、自立心を養うため。そして、親のありがたみを知るためと心にとどめて歩んでいただけたらと思います。**

もし仮に親の記憶がないほど早く別れることになったとしても、短い間でもそこに込められた想いがあれば、それが後の人生を生きていく糧になっていきます。私自身も、いまだに母に言われたことが蘇《よみがえ》ってくることが何度もあります。心のなかでは親はずっと生きているのです。どれだけ中身の濃いふれ合いがあったか、どれだけ想いを込めたかが大事ですから、一緒に過ごした時間が問題なのではありません。

また、過去に親と生き別れたり、引き離されたような経験をした人は、今生では、マザコン、ファザコンの学びをすることがあります。前世でつらく寂しい親子関係しか育めなかった場合、反対に「よし、今回はたくさん甘えさせてもらおう」と心に決めて生まれてくることがあるのです。そして、それをかなえてくれる親を選んでくるため、愛情をたくさん注いでくれる家庭に生まれることが多いのです。

私たちはどうしても現世の尺度で物事を見てしまいがちですが、たましいはとても長い旅を続けています。生まれてくる前にいたグループ・ソウルという〝たましいのふるさと〟から、一部分が再生し、この世にやってきたのです。前世だけではなく、来世もそのまた来世も、再生を繰り返しながら、たましいを磨こうとしています。トラウマとは、そうした長い旅のなかで、たましいをより深く見つめるための鏡のような役割をしてくれるもの、と言ったらわかりやすいかもしれません。前世では果たすことができなかった学びをするために、トラウマとなる思いぐせを持って生まれてきた。それがスピリチュアルな真実です。

生まれてきた理由……「自立すること」「依存しないこと」を早く学ぶため

トラウマ37

親に捨てられた

「生まれてこなければ良かったのに」と暴言を吐く親。
そんな親のもとに生まれてきたのも宿命なの？

親に捨てられた経験。それは、とても大きな心のトラウマになります。施設に預けられて育った人は、「捨てるくらいならどうして産んだのか？」と苦しんでいるかもしれません。しかし、私は、そこにも1パーセントでも愛があったと思うのです。

ある雑誌のリポートで、児童養護施設で子どもたちの〝お母さん〟をしている女性が、「どうして親は自分を捨てたのか」と問いかけてきた子どもに答えた言葉が載っていました。「親はあなたを捨てたんじゃなくて、あなたを生かすためにここに連れてきてくれたのよ」と。この言葉を読んで、私は胸を突かれました。なるほど、まさしくその通りだと思ったのです。

堕胎したり、産んでも育てずに育児放棄をしたり、なかには殺してしまう親も、残念ながら存在するのが現実です。最近の事件を見てもおわかりでしょう。親とは名ばかりの非情な行動に出る未熟な人が本当に多い。そうしたことも考え合わせると、あなたの親には、たとえわずかでも愛があり、理性があったのです。やむにやまれぬ事情があって、「自分では育てられないから」とあなたを施設に託したのかもしれません。

実はこういった「ささやかな愛」に気づくために、あなたは親との縁が薄い環境を自ら選んで生まれてきました。親があなたを捨てて施設に預けたのは、あなたを生かしたかったからです。目には見えない愛を読み取る感性を身につけることが、あなたの学びです。環境さえ整っていたら、あなたの親はあなたを自分で育てたかったはず。愛はそこに確かにありました。

私は、書籍などで「1パーセントの愛に気づけない人は120パーセントの愛を注がれても気づけない」と書いています。この世に生まれてくることができて、今を生きているのは、親だけではなく、周りの人のいろんな愛の支えがあったからだと伝えてきたのです。しかし、あるときこんな意見をいただきました。「私は親に捨てられました。この世に生まれてきたのは親のおかげと感謝することなんてできません。1パーセントの愛になんて気づけません」と。その言葉に、その方の心の痛みを感じましたが、同時に、わずかな愛に気づく感性を持つことが、この方の学びなのだとも思いました。やはり、親に捨てられたとしても、今日、こうして生きていられるのは、誰かの愛があったからなのです。おしめを替えてくれた人、食事をさせてくれた人など……。自分で目を向けていないだけで、確かに愛はあるのです。

こうしたたましいは、前世では反対にやむにやまれず子どもを捨てたという経験をしていることもあります。でも、その罰として今回捨てられたという意味ではけっしてありません。自分の蒔いた種は自分で刈り取るという「因果の法則」は、罰ではないのです。「反対の立場から勉強しよう」とあなたが望んだから、〝子どもを捨てるような親〟をあえて選んで生まれてきたのです。

また、なかには親から「お前なんて生まれてこなければ良かった」と言われて傷ついた、という人も大勢いました。子どものころにこうした暴言を聞いてしまうと、「私はいらない子なんだ」と自分を否定してしまいがちです。けれども、ある程度の年齢になっても、そうした言葉を忘れられずにいて、トラウマになっているなら、そろそろ受け入れる時期にきていると気づきましょう。あなたがそういった親のもとに生まれた理由は、親の存在を超えていくためだからです。親も、そのときは本心ではなく、愚痴として言ったことかもしれません。親もひとりの人間で、たましいの成長過程にある存在なのだと知ることが、あなたの学びなのです。親だって未熟です。同じ人間として、磨き合っていることを受け入れていきましょう。

また、こうした人が前世で親をことごとく泣かせていたケースもあります。実は「お互いさま」だったりもするのです。前世がすべてではありませんが、あなたが生まれてきたのは、親にも親の人生があることを知るためとも言えるのです。

生まれてきた理由……………親の未熟さを知り、一対一の人間同士として磨き合っていくため

トラウマ38

親に虐待された

殴られる、さらには性的虐待を受ける……。
こんな悲惨な経験にも学びはあるのでしょうか?

親から暴力をふるわれる。そんな虐待事件があとを絶ちません。手をあげる暴力だけではなく、言葉の暴力や性的虐待を受けてきた人もいるでしょう。表に出して言うことができず、ひとりで悩みを抱え続けて、深いトラウマになっているケースが多いかもしれません。虐待や暴力は決して許されることではありません。しかし、こうしたトラウマを抱いているたましいにも、今生で学ばなければならない課題があります。

この世に生まれてきたのは、ほかでもない「親」の未熟さを乗り越えるため。そして、「遠くの親戚より近くの他人」という言葉があるように、周りにはあなたに愛を注いでくれる人が必ずいます。そうした他者からの愛に満たされるために、あなたは生まれてきたのです。

虐待のなかでも、性的な虐待を受けた子どもはそのことを口外することもできず、大人になってからも恋愛が怖くなったり、「私は一生結婚できない」と、自分ひとりで十字架を背負おうとしてしまうかもしれません。けれども、こうした場合は親と距離を置いていいのです。一緒にいるだけでもつらいことでしょう。子どもとしてではなく、モノとして扱われ、守ってもらえなかったのは、どれほど心が痛んだでしょう。父親から性的な暴力をふるわれた場合、男性に対しての嫌悪がわきあがってくるかもしれません。あるいは、母親があなたのことを女として敵視して、守ってもらえなかったケースもあるかもしれません。

けれど、どうか忘れないでください。肉体は借りものにすぎません。「こんな人の血が自分にも流れているなんて汚らわしい」と自己嫌悪する必要は絶対にありません。血は流れていても、肉体は肉体にすぎないのです。あなたのたましいまでは、決して汚れていません。

本当にあなたを愛してくれる人に出会うために、あなたは生まれてきたのです。あなたが女性であるならば、父親に虐待されたことで、恋愛なんてしたくないと思っているかもしれませんが、それは違うのです。あなたはもう十分痛みを知り、闇を知りました。そして、深い闇を知ったぶん、これから大きな光を知ることができるのです。あなたは、あなたのことを本当に愛してくれる、優しくて思いやりのある人を見極めたい！　そう思って生まれてきています。つらいと思うかもしれませんが、虐待を受けてきたことをも包み隠さず話して、それを心底理解し、寄り添い、共有してくれる人と出会うために、最初に「負」の経験をしたのです。だからどうか、人を愛することを恐れないでください。つらくなったときには、誰よりも深い愛に目覚めるために生まれてきたことを思い出してほしいのです。

あなたは優しい気持ちの持ち主ですから、「こんな親でも、私さえ我慢していればいいんだ」と自己犠牲を払おうとしてしまうかもしれませんが、耐えることはありません。親が過去のあやまちを心底詫《わ》びようとするまで、そして、あなたが親を許せる気持ちになるまでは、会わなくてもかまいません。あなたが我慢する必要は一切ないのです。

あなたは、いわば「たましいの修練・集中トレーニングコース」を選んできたようなもの。親の未熟さを乗り越えていくことを学び、そして、性について、あるいは、恋愛や夫婦について学ぼうと志してきたのです。親子という最初の「人間関係」に裏切られたのは、つらいことだったでしょう。でも、光が見えてくるまでは、あきらめないでください。パートナーに出会い、包み隠さず話せるところまでたどりついてほしいと願っています。

虐待やレイプという経験を癒す過程のなかで、カウンセリングを受けることも一助になるでしょう。私は、こうした経験を経て立ち直り、幸せになっている人をいっぱい見てきました。生まれてきた理由をもう一度かみしめて、光に向かって歩んで行きましょう。

生まれてきた理由……親の未熟さを乗り越えて、本当にあなたを愛してくれる人と巡り合うため

トラウマ39

トラウマは親子で連鎖するのか

虐待されていた子どもが、成長してわが子に手をあげてしまう。負の連鎖を断ち切ることはできるのでしょうか？

トラウマが親から子、そのまた子へと繰り返される。そうした負の連鎖が続くことがあります。たとえば、両親が不仲だった子が大人になり、結婚した。しかし夫婦間がうまくいかなくなり、離婚してしまったといった場合です。「やっぱりうちはそういう因縁なんですね」などと口にする人もいましたが、たとえ同じような結末になったとしても、そうなることが宿命で決まっていたとか、因縁があるからそうなった、ということは絶対にありません。親の人生と子の人生はまったく別ものです。

ただ、小さいときに夫婦喧嘩をしょっちゅう見ていると、記憶に刷り込まれている可能性は確かにあります。「どうせうまくいかないんだから別れよう」と、自分から破局に向かっていく。そのほうが妙に安心してしまうこともあるのです。自分で傷を作り、かさぶたができているのにもかかわらず、何度も引っ掻いて治そうとしていないようなものです。

そんなふうに、自分が受けた傷が後々まで残ってしまう一方で、経験のないことは逆にまったく想像がつかないこともあります。たとえば、親から虐待を受けて育った人が親になったとき、「わが子に対してどう接したらいいのかわからない」と戸惑うことがあります。本当は子どものことを愛しているのに、どう表現したら良いのか見えなくなって、つい心とは裏腹の冷たい言葉を浴びせてしまう。でもこの場合も、因縁があるから同じことをしたということではなく、ただ「わからないから」親と同じことを繰り返してしまうこともあるのです。

けれど、そこでやり方を変える冷静な分析力が必要です。親から愛されたことがないからわからない……とあきらめるのではなく、反対に「自分がされてきて嫌だと思ったことを繰り返さない」ことはできるはずです。感情ではなく、理性でストップする。**あなたが生まれてきたのは、そうした〝理性〟を身につけるため。大人の感性を持って、子どもや周りの人たちと接するためにこのカリキュラムを選んだのです。**今からでも「虐待防止センター」などに相談したり、カウンセリングを受けるなどして、専門家の力を借りることも一助になるでしょう。

あなた自身が過去のトラウマを癒せていないから、子どもや周囲の人たちに同じような行動をとってしまうことは確かにあるかもしれません。しかし、まず、そのことに気づくことが大切なのです。くどいようですが、問題が繰り返されるのは、因縁でも、霊のしわざなどでもありません。

あなた自身、未熟だと感じることがあるなら、自分自身を変えていく努力は必要です。けれど、最初から完璧な親もいません。子どもに「お母さんも頑張るから、一緒に磨き合おうね」と素直に言っても恥ずかしいことではないのです。家族というのは学校なのですから、ともに成長していければそれでいい。お互いに磨き合っていくために、出会っている存在なのです。自分が未熟だと思うなら、子どもに親の背中以外の背中を見せてあげるのもいいでしょう。家族のなかだけで育てるのではなく、同級生の家などに積極的に遊びに行かせてあげましょう。子どものうちから〝放牧〟するのです。いろいろな価値観、考え方があると見せてあげることで、子どもは家族だけがすべてではないことを理解していきます。

親子として出会ったことは宿命です。あなたがその親のもとに生まれてきたのも、あなたの子があなたを親に選んできたのも、必然です。しかし、そこで起きるさまざまな問題がトラウマになるかならないかは、宿命ではありません。親と子がどうかかわっていくか、問題にどう向き合っていくかによって違ってきます。トラウマをまた繰り返してしまったらどうしよう……と不安になるのではなく、自分の手で運命を切り開いていることを思い出しましょう。人生を自分自身の手で創っていくために、あなたはその環境を自ら選んできたのです。

生まれてきた理由……親と子でお互いの未熟さを認め、ともに磨き合うため

トラウマ40

愛する人を自分のせいで死なせてしまった

自分が頑張って助ければ、死なずにすんだかもしれない。このやり切れない思いは、どうすればいいのでしょうか?

自分の過失で子どもを死なせてしまった。家族の病気に気づかず手遅れになってしまった、自殺してしまったなど、家族を亡くしたことをずっと心の傷として抱えている人を大勢見てきました。「もし、あのとき私がいれば救えたかもしれない」「私が見殺しにしてしまったんじゃないか」といった後悔の念をずっと抱えている人が本当にたくさんいます。

こうした悲しみは誰の身にも起こりうることです。深い罪悪感を抱く気持ちはわかりますが、あなたの大切な人が送ってくれているメッセージに気づくことが、あなたのトラウマを癒してくれるでしょう。

亡くなった人たちのたましいは、あなたに「人生は有限なんですよ」ということを教えてくれています。人生は長いようで短く、あっという間です。そのことを私たちは日々の暮らしに忙殺されて忘れてしまうのです。嫌なことがあれば愚痴を言ってみたり、ついさぼって「明日にしよう」と思ったり。それは、実は「明日がある」と思うから抱ける感情です。一日一日に想いを込めて生きることの大切さを、亡き人は教えてくれているのです。その死を悼む気持ちはわかりますが、いつまでも「あのときああしていれば良かった」と、過去ばかりを振り返っては、亡き人に申し訳がたちません。昔の人はよく、「あなたのぶんまでしっかり生きます」と言ったものですが、その想いこそが、亡き人への弔いです。あなたの愛するその家族はこの世からいなくなっても、今も見守ってくれています。ですから、大我の愛を持って生き抜くことこそが供養になります。

あなたがこうした別れを経験したことは、生きることについて見つめ直す必要があることを教えてくれています。家族に限らず、知らない人が目の前で事故に遭ったり、自殺で亡くなった人の第一発見者になったり、人の死に触れることで大きなショックを受け、「死」に対して恐怖心を感じてしまう人もいます。「自分にもなにか悪いことが起きるのではないか」と不安視する人もいます。しかし、こういった場合は、実は死を目撃した人のたましいが「今、生きることに積極的になれていない」という状態であることが多いのです。なんとなくダラダラと生きていたり、「生きているのがつまらない」と感じていることもあります。そうした波長が引き寄せた出会いだったのです。けれど、これは裏を返せば、「あなたは一所懸命に生きていますか？」と問われているということ。自らの波長を振り返ることが大切なのです。毎日想いを込めて必死に生きていれば、死への恐怖心やトラウマを感じている時間も惜しいことに気づくでしょう。

たとえ、見た目にはショッキングな死に方だったとしても、気に病まないでください。たましいは何も痛みを感じていません。ですから、それをいつまでも悔やむことはありません。たましいにとっては、死はあの世への旅立ちにすぎないのです。

もっとも、「自殺」というかたちで死に別れてしまうと、「成仏できているか」「たましいは彷徨っていないか」と気になってしまうかもしれません。人生を学校にたとえれば、自殺は自主退学。本来、乗り越えるべきことや学ぶべきカリキュラムを途中で投げ出してしまったことになりますが、広いたましいの視点で見れば、自殺も過ちのひとつ。遺された人が、故人の浄化を願って「自分の人生」を生き抜くことが何よりの応援になります。

火事や地震で家族を亡くし、大事な人を「救えなかった」と後悔している人も、あなた自身が精いっぱい生きることが、亡き人の供養になります。目の前のいのちを救えなかった場合、悔やんでも悔やみきれない気持ちになるかもしれませんが、あなたも故意で殺したわけではないのです。それは寿命だったのです。自分を責めないでください。

生まれたいのちは、いつかあの世に帰ります。身近な人が亡くなったときは、あなた自身が生まれてきた意味をもう一度、内観しましょう。亡き人のたましいがあなたに問いかけているのです。「あなたは生きていますか？」と。

生まれてきた理由……………人生が有限であることを理解し、一日一日に想いを込めて生きるため

スピリチュアル用語解説

たましい

霊魂のこと。人間は、みな霊的な存在であり、たましいは永遠である。人生の苦難を乗り越えたりすることによって、たましいは磨くことができる。スピリチュアルに見れば、肉体はたましいの乗り物のようなもの。

職場のトラウマ

……トラウマ41……

仕事で挫折した

……上司に理不尽なことを言われ苦しんでいる。いっそ転職したほうが良いのでしょうか？

人は生きていくため、食べていくために仕事をしているのであって、仕事をするために生きているわけではありません。ですから、仕事でトラウマになるような嫌な出来事があったとしても、それも「仕事のうち」で、あなたの人生を苦しめるものでは本来ないのです。しかし、最近は「仕事のために生きている人」が多くなり、そのせいで、職場で嫌なことがあったり仕事で挫折したりすると、自分の生き方まで全否定されたように感じ、トラウマを抱えてしまう人が多いように思います。

本来、自分の持てる技能を使って働くのは「適職」であって、そこに楽しさを求めてはいけません。あくまでもお金を得るための場ととらえることが大切です。楽しい仕事、たましいが喜ぶ仕事は「天職」で、それではお金を得ることが難しく、趣味の範囲にとどまることのほうが多いものです。天職と適職ふたつのバランスを上手にとってはじめて、人生は充実します。あの世には仕事はありませんから、この世に生まれてきた人はみな、天職と適職のバランスをとりながら、「働くこと」を学んでいると言えるのです。

ただ、なかには「仕事がなかなか続かない」という人もいます。こういう人は、表面的な成功を求め、物質的価値観のみで成果を判断しがちで、納得のいかない結果が出るとすぐに「別のところでリベンジしよう」と考えて、転職を重ねます。こうしたたましいは前世において、病弱だったりして働いていなかったり、親のかせぎで暮らしていたりして、きちんと働いた経験がない場合が多いのです。そのため、今回は「地道に働こう」と自分で決めて生まれてきました。

それが生まれてきた理由にもかかわらず、前世で働いた経験がなく、親に甘えていた思いぐせが残ってしまい、「楽しければ働いてもいいけど、しんどいなら働きたくない」といった怠け心に向かってしまうこともあるのです。地道に汗水を流して働くというよりは、マネーゲーム感覚で働いている人も多いかもしれません。けれど本来、もっと積極的に社会にかかわって働きたい、責任のある仕事で自分を試してみたいと願ったからこそ、この世に生まれてきたのです。

このほかにも、よく耳にするのは、「上司や同僚から理不尽なことを言われた」と気に病んで、時には鬱《うつ》症状にまでなってしまうといったケース。これもある意味で、人と接することが苦手な現代人に共通する課題といえるでしょう。このように理不尽なことでいじめられると、自分だけが被害者に思えるかもしれませんが、人間関係は基本的に五分五分です。どちらか一方だけが悪いということはまずありません。もし、あなたが理不尽なことでいじめられるというなら、「自分のどこが悪いのか」を相手にはっきりと聞いてみること。それもコミュニケーションの勉強です。

ある方から聞いたエピソードですが、その方はかつて有名な指導者についてオペラを学んでいたのだそうです。その先生は毎回「ダメだ！」と否定することしかしない指導法だったので、生徒が萎縮してしまっていたのだとか。そこで、その方は先生に向かって「私の何が悪いんですか？」と聞いたそうです。理不尽な叱り方をする先生に対して、自分の考えを主張すると、「君はそのまま好きにすればいい」と返ってきたのだとか。ここで、いくら相手が理不尽だからといって、「先生の教え方が悪い！」と言うと角がたちます。それを「私の何が悪いんですか？」と自分の問題として尋ねたところに、大我がありました。それが通じたのか、それからは先生も変わっていったそうです。

理不尽なことを言われたら、まず、自分にそう言わせてしまう問題はなかったかを振り返り、相手を変えようとするのではなく、まず自分から変えていくことです。どんなに嫌な人であっても、「相手を理解しようとする視点」を持つこと。そうしたコミュニケーションの学びをするために、あなたは生まれてきたのです。

生まれてきた理由……働くことを通して人とのコミュニケーションをはかるため

トラウマ42

仕事をやめたくなる

足の引っ張り合い、ねたみ、嫉妬……。
嫌な人たちとどう接すれば良いのでしょうか？

職場は学校とは違い、いくら嫌でも簡単に「やめます」とは言えないところです。それはお金を得るために働いている以上、当然のこと。けれど反対に考えれば、仕事以外では嫌な人とつき合ったり、嫌な思いをする経験はそうそうできないものです。**仕事を通して人間関係を学び、嫌な思いをしながらでも自分を磨こうと志して、あなたは生まれてきたのです。**

たとえば、同僚からいつもバカにされて嫌な思いをし、会社に行くのも嫌になるほどの経験をしたとしましょう。こうしたたましいは、「仕事を通して自己分析する」ことを課題に持って生まれてきています。現世では、人と人は足の引っ張り合い、ねたみ、嫉妬のオンパレードです。バカにされるのも、本当にあなたに至らないところがある場合と、ねたみの裏返しの場合があります。ここでの学びは「なぜバカにされてしまうのか」を分析すること。あなたが生まれてきたのは、「冷静に自分を見つめられるようになる」ためでもあるのです。そこに自分のことしか考えない小我な気持ちがなかったか、周りの空気を読まない言動をしていなかったか、マイペースすぎはしなかったかと、感情ではなく理性で分析していくことが大事なのです。

反対に、あなたが周りの人をうらやましく思ったり、ねたんでしまうことがあるかもしれません。こういう場合、自分でも「ああ、いけないいな」と頭ではわかっていることが多くて、「そうなんです、感謝が足りませんよね。働けるだけでありがたいのに」なんて言ったりするのですが、残念ながらたましいから理解できていないから、まだ人と比べてしまうのでしょう。こうしたたましいは、「人と比べることではなく、自分の素材を受け入れること」を課題に選んでこの世に生まれてきています。自分の器を受け入れて、そのうえに力を養っていくという学びを選んでいるのです。実はあなた自身にも、人から「うらやましいな」と思われているところがあることに、目を向けられていない状態です。自分だけが不幸なんだと愚痴を言っているうちは、克服できません。きちんと自分の問題として受け入れていくことが、トラウマを癒す第一の関門です。

不思議なもので、たましいのレベルでの理解が進むと、周りに変化が訪れます。あなたに嫌なことを言う同僚がいたなら、その人が転勤になるなど、状況が変わるのです。これまでの相談でもそうした例はたくさん見てきました。自分を見つめることで波長が変われば、相手も変わっていくということです。

トラウマになってしまうようなつらい経験があると、人はつい感情的になってしまいがちかもしれません。けれども、仕事においても「腹六分」で接することを意識しましょう。悪く言ってくる人がいても、「あの人はああいう人だから」と割り切って、感情的にならなければ、相手も食ってかかってきようがありません。同じ土俵に立ったり、あなたが甘い顔をすると、相手に隙を与えてしまいますが、あなたが凛《りん》としていれば、バカにされることはなくなるのです。「ねたまれたらどうしよう」と思っているから、その不安通りになる。「波長の法則」と「因果の法則」で、想いを向けた方向に現実化してしまうからです。

その職場を選んだのは、自分の波長で引き合ったから。あなた自身が選んだところです。偶然そこにたどりついた訳ではありません。ですから、たとえ、「仕事をやめたい」と思うほどに嫌なことがあっても、それを招いた責任はあなたにもあります。また、職場での人間関係においても、あなたの蒔いた種（カルマ）はみな自らに返ってくるのです。悔やんでいても仕方がありません。前世から受け継いだトラウマも含め、仕事において出会う問題は、あなたが自力で乗り越えないかぎり、何度でもやってきます。それが「課題」だからです。

生まれてきた理由……感情的にならず、腹六分で人と接する術を学ぶため

トラウマ43

上司・部下とうまくいかない

職場でうまく振る舞うにはどうすればいいの？
上司からはパワハラ、部下からはなめられる。

職場は自分の技能を提供して、それでお金をいただくところですが、人間関係を学ぶ場所でもあるため、仕事をするなかでは理不尽な思いをすることもあるでしょう。

たとえば、上司からパワーハラスメントを受けた人もいるかもしれません。言葉でなじられたり、必要以上に注意されたり、暴力をふるわれるなどして精神的、身体的な苦痛を味わうだけではなく、なかには体調を崩したり、鬱病になる場合もあります。

人間関係を学ぶ場とはいえ、そこで理不尽なハラスメントを受けると「どうして私がこんな目に……」と感じてしまうかもしれません。しかし、厳しいかもしれませんが、こうした経験をすることも仕事を通しての学びです。たとえば「お前はどうしてそんなに仕事ができないんだ！」と注意されたとしましょう。もちろん、そんなふうに威圧的に話す上司にも問題がありますが、同時に、そう言わせてしまう面が本当になかったのかを内観することこそが大切なのです。

そして、もし相手が一方的に感情でものを言っていると思うのであれば、周りから何を言われようとも、あなた自身が凜としていること。そこで相手と同じように感情的になって、「どうして私が！」と怒りで受け止めてしまうと、相手と同類になってしまいます。「金持ち喧嘩せず」ということわざがありますが、相手が感情だけで注意しているなと感じるなら、我関せずであなたは自分の仕事を淡々とやり遂げればいいのです。

たましいを成長させるために、こうした課題をあなた自身が選択して生まれてきています。たとえ職を替えたとしても、その課題を解き、問題を解決するまでは同じようなことが繰り返されるでしょう。

すべてのケースではありませんが、こうした経験をするたましいは、前世では反対の立場だったこともあります。たとえば、人の上に立つ立場でパワーハラスメントをしていて、今生では、それがどれだけ相手にとってつらいことだったかを逆に

あなたが生まれてきたのは、いろいろな立場の考え方、感じ方を理解していくため。さまざまな人がいるということを受け入れるために、今の環境をも選んでいるのです。

学ぼうと、自ら選んで生まれてきている場合もあるのです。

とは言え、もし客観的に分析して度を越したハラスメントを受けていると感じるなら、それに屈するのではなく、専門家に相談するなどして実務的に対応していくことも必要でしょう。感情的になると損をしますが、理性で対応すると問題解決の糸口が見つかります。

また、反対にあなたが上司の立場で、部下との関係で学ばされることもあるでしょう。部下や同僚から甘く見られ、上司としての威厳がないことがトラウマになっている人もいるかもしれません。

こうしたたましいは、前世では幼くして亡くなっていたために、大人として社会に出た経験がなかったとか、あるいは、子育てをするなかで親としての責任を果たすことを放棄していたといった傾向があります。そのため、今生では「リーダーシップをとることを学ぼう」と自らカリキュラムを選んで生まれてきたのです。いわば、前世で苦手だったことに再度チャレンジするために、あえてその立場、環境を選んでいるのです。
上司、部下どちらの立場であっても、その環境のなかで学ぶことがあるから、あなたはその立場にいるのです。

生まれてきた理由

仕事を通してそれぞれの立場、気持ちを理解することを学ぶため

トラウマ44

アフター5のつき合いができない

飲み会の席などで場を盛り上げるのが苦痛。
仕事仲間とのつき合いは、しなければならないものなのでしょうか？

仕事以外の「つき合い」が苦手という人がいます。いわゆる飲み会とか、カラオケやゴルフなどのつき合いができず、それがもとで会社での扱いが悪くなったという人を私も知っています。仕事さえきちんとやっていれば、アフター5のつき合いができなくても関係ないと思う人もいるかもしれませんが、実際はまだ、古い慣習が残っているところも多いようです。

つき合いが苦手だったり、上司におべっかを言えないたましいは、前世では集団生活をしない環境で生きていた可能性があります。規律や集団が苦手で、ひとりの時間が一番大事という傾向はありませんか？　今回、社会に出てつき合いを求められる環境を自分で選び、その問題で悩んでいるのも、「この世にはいろんな人がいることを学びたい」とたましいが望んでいるからなのです。

ある意味では「あなた自身」を捨てないとつき合いは難しいでしょう。社会に出ると「演じる」ことも必要なのです。打ち解けるためにおどけてみたり、場を盛り上げるのも、実は、相手を楽しませる大我な気持ちがなかったら、とてもできないことです。ただ騒いでいるのではなく、相手のために演じているわけです。

たとえば芸人さんだって、四六時中笑いを取っている訳ではないでしょう。おそらくプライベートではとても静かだったり、知的な人が多いと思います。要するに、仕事と割り切っているから、体を張ったこともする。仕事としてのプライドがあるからできるのです。あなたの職種が何であれ、考え方は同じです。つき合いもお給料のうちと割り切って受け入れましょう。

それでも、どうしてもつき合いが苦手でできないというなら、ほかの部署や会社に移ることを考えてもいいでしょう。しかし、いろいろなつき合いを通して人を知り、学んでいくことを課題として選んできているので、新しい場所に移っても同じ問題にぶつかることはあります。仕事に人生の比重を１００パーセント置くから苦しいのです。仕事のために生きているのではないと理解することができれば、社会人という役を演じることもできるようになるでしょう。

ほかにも、「笑顔がない」「無愛想」という理由で扱いが悪くなる経験をして、それがトラウマになっている人もいます。ただ、笑顔は想いを込めればつくれるものです。接客する仕事ではなかったとしても、笑顔はサービス。お給料には入らない「天職」の部分で、人を幸せにすることができるものです。笑顔を向けることで、よいカルマを積むことができれば、それはやがてあなたのもとに返ってきます。そんなふうにして、「適職」のなかに「天職」を込めることができれば、お給料では得られない充実感を味わうこともできるでしょう。反対に、「いつもへらへら笑っていてバカみたい」と言われたとしても、そこは堂々としてください。あなたに文句を言ってくる人のほうが、幸せではないからです。笑いたくないときでも笑顔になれるのは、相手のためだからです。

あなたが生まれてきたのは、そんなふうに「自分のためにではなく、相手のことを想って行動することを学ぶため」でもあるのです。たとえ扱いが悪くても、それは宿命ではなく、自分で変えることのできる運命です。あなたが「そのままでいいや」とあきらめれば状況は変わらないかもしれませんが、社会人として演じることを覚えていくことで、あなたのたましいをより輝かせることもできるのです。どちらを選ぶのも自由ですが、もう一度、生まれてきた理由を思い出してみましょう。人とかかわることをあきらめてしまったら、得られる喜びもそのぶん減ってしまうものなのです。

生まれてきた理由

いろいろな人がいることを学び、適職のなかに天職を込められるようになるため

スピリチュアル用語解説

天職《てんしょく》と適職《てきしょく》

趣味の範囲にとどまることが多いが、たましいが喜ぶ楽しい仕事が「天職」。一方、自分の技能をいかし、生きる糧を得るためにする仕事が「適職」。ふたつのバランスを上手にとってこそ、人生が充実する。

外見のトラウマ

トラウマ45

外見に自信がない

ブス、デブ、ハゲ、チビ……。
私はなぜこんな外見で生まれてしまったの？

「こんな顔じゃ誰からも愛されない」「ブスと言われ続けて、生きているのもつらい」

そんなふうに悩む人の声をたくさん聞いてきました。だからこそ申し上げるのですが、顔や外見の美醜というのは、正直なところ、人によってまったく価値観が違うものです。美人かどうか、人それぞれに基準が違います。世間と比べてきれいかどうかを気にするのではなくて、自分のもって生まれた器のなかで、それをどう輝かせられるかを考えたほうがいいのです。

たとえば、一重の目が嫌だという女性はメイクを変えればいいし、薄毛が気になる男性は、発想をかえて外国の俳優のようにスキンヘッドにしてもいいと思うのです。自分の外見を「嫌い」とか「かっこ悪い」と思っている心が、たましいを傷つけています。自分の器を受け入れられないのが、一番つらいと思います。不満もあるでしょう。でも、人と比べるから不足を感じてしまうのです。

こうしたたましいの人は、実は人一倍、自分のなかのこだわりが強い「完璧主義」なところがあります。何に対しても頑張り屋さんなので、一点でも気に入らないところがあると、それをとても気にしてしまうのです。けれども、外見的な問題は、周りから見れば「そんなに悩むことではないのでは？」と感じることだったり、反対に「チャームポイント」ということも多いのです。

過去の相談でも、色が黒いことを気にしている女性がいらしたのですが、その人はたいへんな努力家で、仕事もバリバリこなす魅力あふれる方でした。でも、ご本人は「ずっと嫌な思いをしてきました。死にたいと思ったこともあります」とおっしゃっていました。第三者からみれば、憧れるほどかっこいい生き方、そして美貌の持ち主なのです。人は、ひとつの欠点が気になるとどうしてもそこばかり気にしてしまうのですが、その点以外にもっとたくさんの美点があるものなのです。そのどちらを引き出せるかは、その人がどれだけ自分を受け入れているかで違ってきます。

こうした外見的なトラウマを持っている人は、前世では絶世の美人だったりして、浮き名を流していたことがあったりします。華やかな思いも味わったぶん、傲《ごう》慢《まん》になってしまったところもあるのです。たとえば、「今生でとても太っている人は、人をけなしていた経験がある」と、リーディングによる予言で有名なエドガー・ケイシーが言っていたのですが、私はそれも一理あると感じています。すべてではないにせよ、前世で人を批判したり、表面的にしか人を判断してこなかった人のたましいが、自分も同じように人からあれこれ言われる状況を選んできて、「人を悪く言うのは良くない」と知る学びがあるのです。たましいは、あえて反対の〝役〟を選び、違う学びをしようと決め、この現世という〝舞台〟に生まれてきたということです。

そう言えば、昔の人は外見が良くないことを悪意なしにズバズバ指摘していました。親でさえ、「お前は器量が良くないから愛嬌は大事にしなさい」と言って子どもを諭していたもの。かと言って、それを聞いた子どもが「私ってそんなに不細工なんだ……」と悩むことは少なかったように思います。親が子を本気で想う愛が伝わったから、子どものほうも素直に聞き入れたのでしょう。勉強を必死で頑張ったり、笑顔は欠かさないようにしたりと、その子なりに欠点を補う努力をしたものです。

不細工だとか背が低いとか、あらゆる外見的なトラウマは、自分でそれを受け入れることができれば気にならなくなるのです。周りからの陰口も許せるようになります。そしてもっと言えば、実は「たったひとりでもあなたを愛してくれる人」に巡り合えたら、あなたのたましいはもっと前向きに変わるでしょう。**自分のことを気にしてしまう〝たましい〟は、それだけ、人から愛されることや誰かから受け入れてもらえることを、強く望んで生まれてきたのです。**

生まれてきた理由……………　**自分自身を受け入れるため。**
そして自分を愛してくれる人と巡り合うため

トラウマ46

親やきょうだいと外見を比べてしまう

親と似た顔を好きになれない、美形のきょうだいをねたむ。
どうしてこんな家族のもとに生まれてしまったの？

親と似た顔を好きになれないトラウマ。こうした悩みを抱えている人は案外多いことと思います。ただ、この場合、親にそっくりな顔が嫌なのではなくて、親のことが好きになれない気持ちが大本にあることに気づかなくてはいけません。「嫌いな親にそっくりな顔をしている」ということ自体が宿命です。あなた自身で選んできたことでもあるのです。「どうしてそんな嫌な顔を選んだの？」と落胆するかもしれませんが、「自分と似た親の姿を通して、もっともっと自分を知りたい」という思いから、あえて選んできたのです。生まれる前に「どこに生まれたいの？」と聞かれ、「あのちょっとオヘチャな顔の親のもとに生まれたいです！」と答えてやってきたと考えてみましょう。それで実際生まれてみると、顔だけではなくて性格も似ていたりして、「どうしてこんな親と同じ考え方をするんだろう」と嫌になったりもします。

でも、そういうふうに、いつも目の前に鏡が置かれているような状況だと、否が応でも「自分」を見つめるものですよね。自分の悪いところ、直すべきところ、いいところなど、いろいろなことを親という鏡を通して知ることができるのです。これは、きょうだいと顔が似ていて嫌だと感じる場合も同じこと。自分を知るために、あえてその環境を設定してきたのです。自分のトラウマから目をそらさないように、いつも「あなたのカリキュラムはここにありますよ」と教えられているようなものです。

また、きょうだいが自分よりもかっこいいとか美人だという場合、それがトラウマになることもあります。「どうして私はこんな顔に生まれたんだろう」と否定的に考えてしまうケースです。でも、きょうだいと比べて劣等感を持つに至るか否かは、実はきょうだい仲がいいか悪いかによって違ってきます。きょうだいの仲がよかったら、「美人の姉がいるんですよ」と逆に自慢できる。自分は自分、きょうだいはきょうだいと、良い意味で割り切れているからです。それが、「お姉ちゃんは美人なのにねえ」なんて周りから言われ、常に比べられてひねてしまうと、「どうせ私はブスだから」と自分でトラウマをつくってしまう。

あなたは、あなたの学びに一番ふさわしい器を選んで生まれてきています。それなのに、その〝素材〟を受け入れられず、「私ばかりが損な目に遭っている」などと嘆いてしまう。そんなふうに被害者意識を抱くのは、実は自分自身を差別していることと同じになってしまいます。あなた自身を受け入れること。そして、愛すること。それがトラウマを癒す第一歩です。

他人と比べることほど、むなしいことはありません。たとえきょうだいであっても、違う学びのカリキュラムを持って生まれてきています。顔かたちという〝素材〟も違うものを選んできています。そこを比べて「ああいうふうになりたかった」と思ってもしかたがありません。

自分にとって嫌なことを意識せざるを得ない環境に生まれてくるほど、あなたのたましいは、学びを進めることに前向きだということ。まるで〝あぶり絵〟のように浮かび上がる自分の欠点を熟視し、克服したくて、その家族を選んで生まれてきたのです。

生まれてきた理由……………

自分に似た存在を通じ、より深く自分を見つめて生きていくため

トラウマ47

皮膚炎やアレルギーで悩んでいる

陰口を言われるのが嫌だから人前に出たくない。
神様はどうしてこんな試練を私に与えたの?

アトピー性皮膚炎など、皮膚のトラブルをかかえ、「肌がきれいでないことがトラウマなんです」と悩んでいる人が多くいます。私自身もアトピーになったこともあり、かゆみの激しさには苦労しました。そうした肉体的な症状だけでなく、温泉などに行っても人目に触れるのを避けたい気持ちになるなど、メンタル面においてもつらい思いをすることが多いでしょう。

とくに、アレルギーに関しては、ある意味とても現代的な症状で、この時代に生まれた理由、カルマをもはらんでいる問題です。アトピーをはじめとするアレルギー症状を持っているたましいは、ものすごく過敏で繊細なところを持って生まれてきました。たましいの意欲は旺盛で「生まれてきたい!」と強く望んできたのですが、この現代社会があまりにも荒々しい波長に満ちていて、「なんて生きづらいところなんだろう」と感じてしまっているのです。

向上心に満ち溢れて生まれてきたのに、目にした現実や社会があまりにも厳しいものだったため、拒絶反応を起こしてしまった。その反応のひとつとして、皮膚などにアレルギー症状が出てしまうのです。すべてがこうしたアレルギー反応になるとは言い切れませんが、スピリチュアルに見た場合のひとつの傾向です。

人の心というものをより深く知るために、あなたはこうしたアレルギー症状を持っていると言えます。アトピーに限らず、外見的に症状が出る場合、人からじろじろと見られたり、なかにはあなたに隠れて悪口を言う人がいるかもしれません。そうした〝周りの視線〟に敏感にならざるを得ない状況にあって、あなたは人一倍、「人の心」というものを知るようになります。人の表と裏の顔、本音と建て前などを嫌というほど見せつけられることと思います。ある意味で、人を知るという学びの集中トレーニングコースを選択して生まれてきたようなもの。とても厳しくつらい学びかもしれませんが、あなたのたましいはその熱心なコースを選んできたのです。

体の症状を癒す一方で、人への拒絶感といった心の症状も合わせて癒していくことが大切になります。向上欲を持って生まれてきたたましいだけに、社会のなかでの生きづらさを感じてしまうと、自分を責める気持ちになることもあるかもしれません。そんな気持ちになったときは、どうか思い出してほしいのです。あなたのたましいが生まれてきた意味、そして理由を。**あなたは、「生きる」ということの本質に目を向けたいと望んで生まれてきました。現世には確かに目を覆いたくなるような心の荒廃があったり、人々の争いがあったりします。でも、そうしたことからも目をそらさずに、人や社会とかかわりたくて生まれてきた、ということに焦点を当ててみましょう。**

また、肌に先天的な傷などがある場合は、１３８ページで紹介した「アザ」のケースと同じように、前世でとても器量が良かったり、周りから注目されるような立場にいたことがよく視られます。今生では、外見だけで寄ってくる人ではなく、本当のあなたに惹かれる人と巡り合うために、あえてその傷を持つことを選んで生まれてきていることがあるのです。外見的なトラウマも、すべてカリキュラム。自分自身が一番学べるように選んできた個性なのです。

生まれてきた理由……………

波長の荒い時代に、人の表と裏、本当の気持ちを学ぶため

トラウマ48

自分のにおいが気になる

体臭がきついと言われて傷ついたことがある。外科手術で治療をするのは良くないことですか？

体に関するトラウマとしてよく相談を受けたのは、「自分のにおいが気になる」という悩みでした。いわゆる「わきが」などは、それがトラウマになってしまうほど悩んでいるのならば、現代医学の力を借りることを考えてもいいでしょう。それがもとで「人と接するのが苦手」とか「みんなから嫌われている気がする」と思ってしまうのは、とてももったいないことだと思うのです。人とかかわっていくなかで、お互いに磨き合いをしながら成長していきたい！　と望んで生まれてきたのですから、トラウマがもとで人とかかわるのを止めてしまっては、実は本末転倒なのです。

以前拙著で「美容整形にはあまり賛成ではない」と書きましたが、それは、その動機しだいなのです。たとえば「形を変えることでモテたい」といった物質的価値観丸出しの理由であれば、賛成はできません。けれども、いわゆる形成的なケアを行う整形は、それでトラウマを克服し、前向きに生きることができるのであれば、受けても良いと思っています。よく調べて、自分の責任主体で手術を受けるのであれば、それもひとつの選択だと思います。

もっとも、私が相談を受けてきた例で言うと、多くの場合は自分が気にしているだけで、においなどしない人がほとんどでした。「じゃあ、においをかいでみましょうか」と実際に顔を近づけてみたこともあります。それでも、まったく何も感じられないのに、本人は「いえ、ものすごくにおうんです」と気にされていました。こうした場合は、心のほうに癒すべきところがあるケースが多かったように思います。

においは、ある種、人間に残った動物的な要素とも言えます。人と人を結び付けるフェロモンの一種でもあるのです。恋愛に発展する男女では、この「お互いのにおい」に惹かれ合って結ばれることもあるようです。ですから、自分自身のにおいが気になる場合でも、そのにおいがいい、そこに惹かれるという人もいるはずです。トラウマに感じてしまう気持ちはわかりますが、あなたに備わった個性なのです。

こうした課題を自ら選んで生まれてきたのは、人の弱さを理解する学びのため。すべてではないですが、前世の流れを視ていくと、今生で何らかの外見的なトラウマを持っている人のなかには、過去に人を差別していたり、さばいていたりした場合があるのです。職業的な立場もあったかもしれませんが、弱い立場にある人に対して見下げてしまったり、さげすんでしまうようなところがあったようです。そのため、今回は反対に、人の心の痛みに寄り添えるようになりたい、と望んで生まれてきています。

自分のトラウマを気にしすぎてしまうたましいは、時として「自己卑下」をしてしまいます。「私なんて、こんなだから誰からも愛されない」と、自分で自分を否定してしまうのです。つらくなってしまう気持ちはわかります。しかし、これは、一見謙虚なふうに見えるかもしれませんが、実はその逆。自分のことを悪く言うのも、人の悪口を口にするのと同じだということを心にとめておきましょう。

生まれてきた理由……………

人の輪のなかで揉まれながら磨き合っていくため。
人の「弱さ」を理解していくため

スピリチュアル用語解説

宿命《しゅくめい》と運命《うんめい》

生まれた国や時代、家族など、生涯変えることのできない人生の要素が宿命。一方、運命は自分の力で作り上げていくもの。たましいを磨く努力をすることによって、人は運命を変え自分の人生をより一層輝かせることができる。

お金のトラウマ

トラウマ49

お金がない！

気づいたら、いつもお金に困っている気がする。
私の人生はお金に見放されているの？

お金がなくて困っている。このご時世では、誰しもが抱く気持ちかもしれませんが、それがトラウマにまでなる場合は、やはり、心の問題として向き合わなくてはいけないでしょう。過去に個人カウンセリングを行っていたときも、「私は家族のことでこんなにお金に困っている。どうしたらもっと生活が楽になりますか？」といった相談をそれはもうたくさん受けてきました。

スピリチュアルに見ると、お金にもエナジーがこもっています。ですから、お金を得たいと思うならば、目的を持つことが大事です。お金を欲しいと思う動機が私利私欲を満たすものではなく、自分の家族のためだとか、未来の夢のためなら、そのぶんを得ることは実は難しいことではありません。現実的なことを言えば、目的があれば、なりふりかまわず働けるはずです。私も、女手一つで家族を養うために、朝昼晩と三つの仕事をかけもちして、必死になって働いている女性を知っています。もちろん、肉体的には大変なことですが、彼女はいつも元気で、一所懸命働くことをいとわない前向きさがありました。人間、本当に必要に迫られたら、頑張れますし、その努力によって念力も生まれ、お金というエナジーを引き寄せることもできるのです。

そういった努力をせずに、お金がたまらないのをトラウマだと思っているなら、それは厳しいようですが、覚悟が足りないのでしょう。お金が欲しいと言う人に限って、得た以上にお金を使う〝無計画な浪費家〟が多いように感じます。

もっとも、「お金がない」という状況を選んでいるのもあなた自身です。お金という道具を使って、たましいを鍛えることがあなたのカリキュラムなのです。前世の流れを視ていくと、今の人生でお金に困っている人は、前世では反対にお金に恵まれていたためにそのありがたさに気づいていなかったり、家族が一所懸命働いて得たお金で好き勝手にしていたケースがよく視られました。放蕩息子《ほうとうむすこ》でごくつぶしだったり、家族に対して不義理をしたことがあるなど、自分のせいでお金の苦労をさせていたのです。そのため、この人生では、まったく反対の立場から学ぼうと決めて生まれてきました。ある人は、子どものためにお金を使わなくてはいけない状況だったり、ある人は日々の生活が苦しくて仕方ないといった状況を選んで、そのなかで学ぼうとしているのです。

もっとも、そうした前世があってもなくても、今、お金で悩んでいるなら、そのこと自体があなたの学び。あなたが生まれてきた理由に、かかわってくることです。たとえば、お金を介して人間関係がグチャグチャになってしまった場合でも、お金自体が悪いのではなく、お金を使う人の心が悪いために問題が起きています。人というものを学ぶために、お金という教材を与えられているようなものなのです。

昨今のような不景気のなかにあると、「お金があれば幸せなのに」と、誰もが考えてしまうかもしれません。しかし、この時代に生まれ、不況という学びをしているのも決して偶然ではありません。すべてのたましいに共通したテーマがそこにあるのです。それは、「貧しくても幸せ」「物がなくても幸せ」という〝貧幸《ひんこう》〟に目覚めること。

お金があることが、必ずしも幸せとはいえません。私はこれまでに、お金がある人ほど、「お金では買えないもので苦労させられる」という例をたくさん見てきました。表面的にはお金持ちは幸せそうに見えるかもしれませんが、広い目で見れば、プラスマイナスゼロになっていることのほうが圧倒的に多いのです。

現代人はみんな、お金という物質を教材にもって生まれてきていると言えますが、あなたはそのなかでも、「お金に苦労する」という学びを自ら選んできました。お金について、より深く見つめたいという想いがあったのです。

お金では得られない幸せに気づき、幸せの価値はお金などの物質では、はかれないものだと知る。お金を通して学ぶなかで、あなたはたましいを成長させたいと願っているのです。

生まれてきた理由……………

お金を通して人間関係を学び、お金では買えない幸せを知るため

トラウマ50

家が貧乏でバカにされた

貧乏だから希望通りに生きられなかったという悔しさ。
どうして私だけがこんなに苦労しなきゃならないの？

スピリチュアルに言うと、家族も自分で選んで生まれてきました。たましいがもっとも学べる環境として選んできたのです。しかし、そうとは受け入れることができず、「どうして私はこんなに貧しい家に生まれたんだろう」「どうして私だけがこんなに苦労させられるのか」と嘆いている人をたくさん見てきました。家が貧乏だということがつらいだけではなく、友達など周りの人から、貧乏だということでバカにされたり、いじめられたりしてきた経験があり、深く傷ついているケースが多かったように思います。

けれど、家がどんなに貧乏でもそれがトラウマにはならない人もいます。私自身も、早くに父親を亡くして母子家庭で育ちましたから、決して余裕はありませんでした。米びつにお米が残り少ないのを見たりして、子ども心に「大変だなあ……」

と思ったこともあります。だからといって貧しくて嫌だと思ったことはありません。母親も信念のある人で、「体に悪いから」という理由で扇風機を買ってくれなかったので、夏の暑いときでさえ扇風機なしで過ごしていました（もっとも、母が他界したあと、扇風機はすぐに買ってしまいましたが……）。

そうした暮らしをしていても、母はいつも太陽のように明るかったのです。貧しくても家のなかには笑いがあり、やりくりをして、ときにはレストランや芝居に連れて行ってくれたりもしました。それも贅沢をさせるためではなく、食事のマナーを教えたい、芸術に触れさせたいという母の想いがこもった特別なものでした。お金がないなかでも工夫をすれば、心豊かに生きることはできるのです。

育った家が貧しいことをトラウマに感じて、「うちは貧乏だからロクなことがなかった」と言ってしまうのは、むしろ心が貧しかったといえるかもしれません。

「自分自身で一からフィールドを創りあげていきたい」という想いがあったから、あなたはあえて「貧しい家」という環境を選んで生まれてきたのです。お金がある家に生まれると、それはそれでいろいろな葛藤があります。本当は音楽をやりたいけれど家業を継がなくてはいけないなど、夢半ばであきらめざるを得なかった人を私はたくさん知っています。

考え方を変えれば、お金がないという状況は、「何にも縛られない自由がある」ということ。自分の信念を貫いて自由に人生をクリエイトしていくことも可能なのです。あなたのたましいは、「自由な世界で羽ばたきたい！」という強い想いを持って生まれてきました。そのことを心にとどめ、貧乏だったことを嘆くのではなく、その環境を選ぶことができた幸せに目を向けましょう。

貧しさを理由にして、夢をあきらめないでほしいと思います。私自身、若いころに声楽を学び始めましたが、経済的な事情もあって続けることがかないませんでした。けれども、30歳を過ぎてから自分で働いたお金で再び学び始めたのです。もし、幼いころから恵まれていたら、これほどまでに音楽に対しての想いが強くならなかったかもしれません。経済的に豊かでなかったことが、「その夢を追う信念は本気かどうか」を試してくれたともいえるのです。貧しかったから希望通りの学校に行けなかったとか、夢をあきらめてしまったという人もいますが、それは言い訳に過ぎないように思います。あなたがその環境を選んだのも、「貧しさをバネにして頑張れる覚悟はあるのか」を常にたましいに問いかけるためなのです。繰り返しになりますが、あなたが生まれてきたのは、自由なフィールドで自分らしい生き方を見つけていくため。その覚悟を試す負荷として、貧しさを選んできたことを忘れないでいただけたらと思います。

生まれてきた理由

自分の力で一から自由にフィールドを創りあげていくため

トラウマ51

ストレス発散のために浪費してしまう

衝動買い、買い物依存症……。
モノが欲しいわけではないのに、買わないでいられないのはなぜ?

お金がない、貧乏だったというトラウマ以外にも、お金にまつわることに「思いぐせ」が生じることはたくさんあります。たとえば、「衝動買い」。欲しいわけではないのについ買い物をしてしまうというたましいは、実は、〝誤作動〟を起こしているようなもの。たましいが本当に欲しているのは物ではなく、人の愛やぬくもりといったものなのに、それを得られないために、物で補おうとしてしまうのです。愛を代わりの物で埋めようとしているので、どれほど買っても満足できない。それどころか、よけいに虚しくなっていく負のスパイラルに入ってしまうのです。こうしたたましいは、後天的に愛情に飢えているケースが多いように感じます。某作家さんなどは、買ったものが何だったかも忘れ、値札もつけたままにしていると告白していましたが、それは、本当は心が寂しいのです。こうしたたましいは、人一倍

「愛を知りたい」という意欲を持って生まれてきました。けれども、ときにこの「愛」を勘違いしてしまい、誤作動を起こしてしまうのです。お金や肩書などの目に見えるもので、愛をはかろうとしてしまうと、いくら得ても十分と思えず、それどころか「もっと欲しい」と欲望は増していきます。衝動買いを止めたいと思っているのなら、まず、自分自身が一番欲しいのは愛なのだ、ということを受け入れることです。衝動買いするときは、たましいがSOSを出している状態。軌道修正しなさいよ、と言われているのです。愛は、お金で買えません。自分から良きカルマの種蒔きをして、初めて相手からも返ってくるものだからです。

愛されたければ、あなたから愛すること。そして、幸せになりたければ、人を幸せにすることです。あなたは「お金」というフィルターを通して、こうしたことに気づき、本当の幸せとは何かを学ぶカリキュラムを選んで生まれてきたのです。

お金とは、人の心をあらわにするもの。お金を介して人の本質が見えてくることがあります。たとえば、夫婦でお金の価値観が合わないといった形で学ぶこともあります。こうした場合はそもそも「ともに人生を築いていく」気持ちが足りなかったり、ふたりの歩調が合わせられていないところにまず目を向けなくてはいけません。「奥の院で生きるより、里の行のほうが大変なのだ」と私の守護霊に助言されたことがあるのですが、結婚というのはまさしく「里の行」。山にこもって修行をする以上に厳しいたましいの修行です。結婚も、社会を知るためのカリキュラムですが、そのなかでお金の問題にぶつかるのは、「社会性をより身につけよう」と望んで生まれてきたためと言えるのです。

お金にまつわる思いぐせは、みなそれぞれに何かしら抱えているものでしょう。すべての人に共通する学びがあるから、この世にお金という方便があるのかもしれません。お金に執着してしまう人もたくさんいます。刃物と同じで、使いようによっては人を生かしもするし殺しもします。しかし、それでもあなたがこの物質界に生まれてきた理由は、ただひとつ。お金に振り回されずに、自分がお金の主人となって「主体的に生きていくことを学ぶため」と言えるのです。

生まれてきた理由……………お金という方便を使い、主体的に生きることを学ぶため

トラウマ52

ギャンブルが止められない！

ダメだとわかっていても、誘惑を絶つことができない。
悪霊に憑依されているからやめられないの？

トラウマや思いぐせとなっている事柄は、本人が自覚していれば状況が改善できるものも多いのですが、いわゆる「依存症」的なものに関しては、本人がそれをトラウマと認識していないことも多く見受けられます。ですから、今自分の問題と自覚してこのページが気になった方は、改善できる寸前まできているともいえるかもしれません。

さて、まず依存症と呼ばれるもののなかでもやっかいなのは、ギャンブル依存。これは、単なる享楽・悦楽を追求するものですから、たましいの学びのためにも、できるだけ早く足を洗う必要があります。競馬やパチンコにはまり、多額の損をして生活がたちゆかなくなった人も大勢います。こうしたギャンブル性のある娯楽でも、普段はきちんと仕事をしていて、あくまでも趣味の範囲として楽しんでいるのならまだいいのですが、そうしたバランス感覚もとれず、のめり込んでいると、最悪の場合、同じように何かに依存したまま亡くなり、誘惑を絶てずにいる未浄化な霊の憑依を招いてしまうことも考えられるのです。だから、強い意志を持って、状況を変えていく必要があります。

賭け事にお金を費やして「俺は夢を買っているんだ！」などと豪語する人もいますが、きっと、それまでに使ったぶんをきちんと貯金しておいたほうが楽に暮らせたでしょう。楽をしてお金を得たいという低い波長が、損という結果を招くのです。仮に、たまに「棚ボタ」のラッキーがあっても、正がくれば必ず負もやってきます。そして、負がくれば、もれなく不幸もやってきてしまいます。一時調子が良かったとしても、それが長続きすることはまずないのです。何かに集中できることは本来であれば良いことなのですが、賭け事やアルコール依存など、常習性のあることにハマるのは、危険と背中合わせです。

また、手癖が悪いという問題。これも、前述した「衝動買いをしてしまう」パターンに似ているのですが、やはり、心の問題が隠れています。お金は持っているのに盗ってしまうのは、物が欲しいからではなく、愛情に飢えているから。心が愛情を欲していることに気づくことが先決でしょう。

こういったたましいは、前世においても、やはり賭け事をしていたり、派手な遊びを繰り返していたりして、そのために家族が離散したり、周りの人に相当な迷惑をかけてきた場合が多いのです。なかには、賭け事で作った借金のかたに命を奪われた前世を持っている場合もあります。

今回もまた、過去につまずいたのと同じ問題に向き合う人生を自ら選んできたのです。それは、「今度こそは、心を入れ替えてやり直そう！」と強い決意のもとに生まれてきたということ。ですから、同じ問題で何度もつまずいて、やり直す機会を作っているのです。今生で乗り越えるために、やり残した課題を持ってきたのですから、問題から逃げずに改善することが、あなたが生まれてきた意味なのです。

だからこそ、またも自分本位な気持ちや欲にのまれてしまうのはよくありません。ましてや憑依を生んでしまっては、本末転倒です。自分の意志の強さで立ち直っていくことが、今生の学びのテーマなのです。

このように、賭け事がやめられない、手癖が悪いというトラウマを抱いている場合、愛の電池が切れていて誤作動を起こしていることもあります。本当に欲しいのは愛情なのに、それが得られないから、たましいが誤作動を起こし、物で代替を得ようとしてしまうのです。自分が欲しいのは愛なのだと気づくことによってトラウマを癒せる場合もあります。

生まれてきた理由

過去の過ちを正し、心を入れ替えて生きるため。
また、愛の電池切れに気づくため

物《ぶっ》質《しつ》中《ちゅう》心《しん》主《しゅ》義《ぎ》的《てき》価《か》値《ち》観《かん》

すべての判断基準を、お金やモノなどの物質においてしまう価値観。霊的な真理にもとづいて考える、「霊的価値観」とは対極にある。場合によって、「物質主義的価値観」「物質的価値観」と省略して使われることもある。

SEXのトラウマ

トラウマ53

いつも体の関係から始まってしまう

強引に求められると、拒みきれずセックスしてしまう。セックスの強要など〝DV〟を拒めないのはなぜ？

恋愛におけるトラウマにはさまざまなものがあるでしょう。たとえば、恋愛をスタートさせるときにいつも体の関係から始まるという場合。そうした恋愛をしてしまう人は、実は、恋を育んでいくには「過程」や「順序」を重んじることが大事だと学ぶために、その課題を持って生まれてきたのです。

すべての場合ではありませんが、お酒でいつも失敗し、気づいたらセックスしていたというのは、憑依を受けていることも考えられます。同じようにお酒で失敗したような未浄化霊や生前、色情欲の強かった霊の影響を受けてしまうことがあるのです。もっとも、憑依されるのは、その人の波長の問題でもあります。霊だけが悪いということはまずありません。同じ波長を感じさえしなければ、憑依を受けることはないからです。つまり、お酒に呑まれたり、おぼれすぎなければ、憑依されないのです。　もし、　憑依を受けるほど依存しているなら、　早くにその思いぐせを脱することこそが、あなたが生まれてきた理由、向き合うべき課題だということです。

こうした人の前世を視ると、すべてではないにせよ、遊郭などで働いていた女性が多く視られました。好むと好まざるとにかかわらず、体から関係が始まる状況にいたのです。だからその思いぐせが残り、体で愛をはかろうとしてしまうのでしょう。極端な性癖や恋愛傾向がトラウマになっているのなら、それは前世の影響かもしれません。しかし、あえてその課題を持って生まれてきたのは、過去の失敗を再び繰り返さないようにするため。たましいのくせを克服することを課題に生まれてきたということなのです。

最近はデートＤＶ（結婚していない男女間でのＤＶ）も増えているそうです。身体的な暴力だけではなく、言葉でひどいことを言われたり、セックスを強要されるなど、心身ともに傷ついて立ち直れなくなるケースが多いようです。意外に感じるかもしれませんが、３割近くは女性から男性へ暴力をふるうというデータもあり、深刻な問題になっています。後天的には、暴力をふるう側がそれ以前に誰かから暴力をふるわれるような環境にある場合も多いようです。暴力に限らず、人をいじめる人は、その人のほうが心寂しいのです。愛に飢えていて、暴力をふるう形でしか、自分を主張できない弱さがある。そのことを理性で受け止めていくことが、トラウマを癒す最善の方法だと思います。

暴力をふるわれている人のなかには、「この人は不器用で弱い人なんだ。理解してあげられるのは自分しかいない」と思って、なかなか別れないケースもあります。でも、それは共依存。お互いに寄りかかっている関係で、悪循環を生んでいます。また、恋人に捨てられたくないとか、好かれたいという思いから、暴力をふるわれても抵抗せず、我慢してしまう人もいます。しかし、厳しいようですが、それは小我なのです。本当に相手を愛しているのなら、大我の心をもって暴力をはねのけなくてはいけません。愛する人に好かれたいというのは、誰でも感じることでしょう。しかし、だからといって相手の言いなりになってはいけないのです。

これまで見てきた例で考えても、暴力というのはエスカレートしていく傾向があります。相手がよほど反省して、自分から状況を変えようとしているなら、可能性がまったくないとは言いませんが、実際に改善していくのはたやすいことではありません。**こうしたたましいは、自分自身を受け入れ、愛していくことを学ぶため**

に生まれてきたのです。自分自身を過小評価して、「こんな私でもこの人は愛してくれる」と卑屈になったり、暴力に屈するために生まれてきたのではありません。あなたは、本当の意味のプライドを持って生きる課題を持っています。プライドとは、自尊心のことではなく、これまでに注がれてきた愛を大切にすること。あなたは、今日まで、親や家族、友達などからたくさんの愛を注がれて生きてきたはずです。そうした周りの愛に気づくこともあなたの学びです。注がれている愛に気づくことで、心は愛で満たされるでしょう。そうすれば、暴力や理不尽な行為に屈しない生き方を選ぶことができるはずです。

生まれてきた理由……………

自分自身のたましいを受け入れ、プライドを持って生きることを学ぶため

トラウマ54

セックスが嫌い

セックスが嫌いで好きな人との関係が進展しない。
これは何かのカルマなのでしょうか？

「セックスが嫌い」というトラウマを抱えている人は、気になる人ができても深い関係に進むのが怖くなって、恋愛ができないという悩みに発展しているケースもありました。とくに嫌な経験をした記憶があるわけではないのに「セックスしたくない」と思ってしまう人、また、育ってきた環境のなかでセックスや性的な話題がタブーとなっていて、「セックスは汚らわしいもの」と刷り込みがなされている人もいました。

こうしたトラウマを抱くのは、先天的理由と後天的理由の両方があります。先天的な理由では、過去の霊視のケースでいうと、前世で無理やり関係を迫られていたり、近親相姦などの関係にあった場合があります。そうした前世の経験がたましいに刻まれているため、今生でも「セックスが嫌い」「セックスが怖い」という思いぐせになってしまうのです。

しかし、こうしたたましいは、実はそういった嫌悪感、恐怖心を乗り越えるために生まれてきたのです。究極を言うと、セックスをしなくても絆を結べるような関係、性を超越した関係を築くことを望んで生まれてきています。セックスが嫌いだという認識があるなら、無理はしなくてかまいません。セックスを超越できるような相手に出会いたい気持ちを持っていれば、あなた自身が本当の意味で心を許せる相手を見つけることもできるでしょう。

とくに、後天的な理由がある場合（レイプ被害にあった経験、性的虐待を受けた経験がある場合）は、過去のつらい出来事がフラッシュバックしてしまうこともあるでしょう。そうした場合は、無理はしないでいいんですよ。あなたのその気持ちを理解してくれる人は必ずいますから、人とかかわることまで拒否しないよう、意識して心がけてみましょう。

好きでもない相手に性的な対象と見られ、望まないセックスをした場合、それだけでつらい経験です。そのうえ、被害を受けた人に対して「実は同意の上だったんだろう」といった思いやりのない言葉で傷つける人もいます。しかし、何があったとしても、あなたのたましいまで汚されたわけではありません。

つらい経験だったと思いますが、そこで闇を知ったぶん、あなたは本当にあなた自身を愛してくれる人に巡り合えます。今はセックスが怖い、嫌い、憎いといった気持ちしかわいてこないかもしれませんが、本当にあなたを理解してくれる人に出会うために生まれてきたことは忘れないでいただけたらと思います。

なかには、過去の嫌な記憶を消し去りたくて、反対にセックスに逃げてしまう人もいるかもしれません。好きでもない人とセックスをしたりして、自分をさらに痛めつけようとする場合もあります。けれど、もう、そんなふうに自分を傷つけることはありません。

過去にどんなにつらい経験をしていようとも、あなたのたましいまでは汚されてはいないのです。「正負の法則」で、失うこと（負）があれば、必ず、得ること（正）はあります。心が通い合える、愛に満ちた関係を築ける人と出会うことはできるのです。

心を結ぶこと、パートナーシップを育てることを望んで生まれてきているのです。相手を思いやる大我な気持ちを持てるかどうかを学んでいることを心にとどめてみましょう。そのほか、セックスに対する嫌悪感を抱く理由として、子どもの頃に親がセックスしているのを目撃してショックを受け、「セックス＝汚らわしいもの」という印象を持ってしまうケースもあります。しかし、皆、セックスという営みを経て生まれてきているのです。「親であっても人間なんだ」と知ることです。いつまでも子どもの感性でいると受け入れられないかもしれませんが、精神的に大人になることでトラウマを癒すことはできます。

生まれてきた理由…………セックスだけのつながりではない心の絆を見つけ、本当に愛し合える人に出会うため

トラウマ55　いまだに性体験がない

いまさら未経験とは言いづらくて……。

私はずっとひとりでいなければならないのでしょうか？

性に関する情報が氾濫《はんらん》し、初体験の年齢がどんどん低下していく一方、未経験のまま年齢を重ねる人も増えているようです。私も「いまさら処女（童貞）だと言えなくて、なおさら恋愛に臆病になっている」という声をたくさん耳にします。

こうしたたましいは、前世で修道院などの閉鎖的な環境のなかにあって、性的なことへの関心を抑圧していた例もあります。今生には「広い社会を見たい」「いろいろな人を知りたい」と望んで生まれてきました。しかし、そう自ら望んできたにもかかわらず、人と交わることがあまり得意ではなく、心が「山奥」にこもっていることが多いのです。

根底には、これまで経験していないことへの恐怖心があるのだと思いますが、広い意味で言うと、人と深く触れ合うことに対する苦手意識が強いのです。未経験であることを格好悪いと思っているのは、厳しいようですが、実は自分を大切にできていないということでもあります。人がどう思おうと、「経験するときが来たらすればいいんだから」と、おおらかに受け入れることができないでいるのです。こうした人は、ときに他人に対してもとても厳しく、差別意識を持って接していることもあります。このカリキュラムを通して、「自分も人も差別しない」と学ぼうとしているのです。

なかには、過去に好きな人と何度か触れ合ったけれど、痛くて最後までできなかったとか、途中で怖くなって続かなかったという経験をして、それがトラウマになっている人もいるかもしれません。けれど、これは実はコミュニケーション不足です。お互いに工夫をして、痛くないようにする「思いやり」を示すことができなかったために、うまくいかなかったのだと思います。セックスとは、ただ快楽を追うものでも、子どもをつくるためだけのものでもありません。お互いをいたわり合って、譲り合うことを知る経験でもあるのです。

セックスへのトラウマを抱いているたましいは、実は人一倍、コミュニケーションの学びに熱心であると言えます。お互いを思いやるとはどういうことなのか、実

践を通して知るために生まれてきました。たとえば、セックスがうまくできなかっただけで、あなたを悪く言うような相手なら、それだけの器ということ。それなのに、「相手に嫌われてしまった」とずっとショックを引きずって、それがトラウマになるのは、とてももったいないことです。あなたの自主性をもっと大切にすること、相手への依存心を捨てることを学びたいと望んで、波長で惹かれ合って出会ったのです。こういうふうに、冷静に分析していくことがトラウマを癒すうえでも重要です。

セックスもコミュニケーションの方法のひとつですから、愛する人とふたりで育てていけばいいのです。経験する年齢が遅いからと劣等感を抱くこともないし、ましてや人と比べるものでもありません。未経験であることであなたを傷つけるような相手なら、まだあなたの見る目が育っていないということ。どんな相手でも、お互いの波長が共鳴して出会っているのですから、なぜその相手と惹かれ合ったのか、自分自身を振り返るきっかけにすることを忘れてはいけません。

見た目で相手を判断するのではなく、心を見ること――。セックスをこれから経験していくなかで、あなたは相手の本質を見て、お互いに思いやるコミュニケーシヨンを学んでいくでしょう。それこそが、あなたが今生で取り組むカリキュラムなのです。焦って好きでもない相手と経験したりするのはやめましょう。自然体でいて、「経験するときが来たらそのときに」と思っているくらいでちょうどいいのです。遅い早いは、あなたのたましいの成長度合いにはまったく関係がありません。大切なのは、時期ではなくて中身。人を愛する気持ちのほうが大事なのは、言うまでもありません。

生まれてきた理由…………セックスというコミュニケーションを通して人を思いやる気持ちを学ぶため

トラウマ56

セックスレスになった

セックスは「オーラの交換」と言うけれど、しなくなったらどうなるのでしょうか？

相談を受けていても、セックスレスで悩むカップルや夫婦は本当にたくさんおられます。スピリチュアルに見て「セックスはオーラの交換です」と伝えていますが、セックスだけでしかオーラを交換できないわけではなく、パートナーの作った食事を食べたり、一緒に眠るだけでもオーラの交換はできるのです。

セックスはホルモンのバランスの問題などもあり、どちらか一方の欲求が強く、一方が淡泊といった違いがあると、肉体的にはつらいことかもしれません。「セックスしてくれないのは、夫が浮気しているからじゃないか」「女としての魅力がなくなったからではないか」と猜疑心《さいぎしん》や劣等感にかられる女性もいますし、男性のほうも「誘っても妻が応じてくれないから風俗に行ってしまった」などとこぼす人もいます。

この場合の一番の問題は、パートナーとの間のセックスがないことではなく、「心のセックス」がないことだと思うのです。肌と肌を触れ合わせること、挿入することだけがセックスではありません。お互いの心を思いやること、心の会話がなかったら、体をつなげてもむなしいだけ。ただ欲望を処理するだけの行為になってしまいます。

セックスレスに悩み、トラウマに感じてしまっているのなら、行為そのものではなく、相手との間でコミュニケーションがとれていたか、思いやりを忘れていないかを振り返ってみましょう。**こうしたことをトラウマに感じる人のたましいは、ある意味とても純粋なのですが、裏を返せば子どもっぽい、真っ白なたましいと言えます。もっと大人の感性を身につけたいと自ら望んで、この世に生まれてきています。**

セックスが下手だったり、嫌いだったりして、それが原因でセックスを避けるようになる人もいますが、相手への優しさ、愛情があれば、「したくない」と完全に拒否するのではなく、何回かに一度はつき合ってあげるなどして、譲り合っていく気持ちを育むことが大切です。セックスは、相手への思いやりを示すコミュニケーションでもあるのです。セックスレスで悩む人は、相手とのパートナーシップを大事にすること、相手に対する思いやりや大我の愛を育てていくことを目標に、生まれてきたのです。

世の男性を悩ませる問題として、ED（勃起不全）が取りざたされています。加齢や過労、睡眠不足、日々のストレスなどによって起こることがあるようです。しかし、過去に受けてきた相談などを思い起こすと、多くはパートナーとの関係において精神的なストレスを感じ、できなくなったケースでした。「自慰はできても、女性を前にすると勃《た》たない」という相談を受けたこともあります。これは、相手とのコミュニケーションがとれていないということでもありますが、男性は「常に完璧でなければいけない」とか「よく思われたい」とプレッシャーを感じているのでしょう。パートナーから「役に立たない」とか「男らしくない」と否定されてできなくなった例もありました。たましいの気質からしても、男性のほうが繊細で傷つきやすいもの。一度の失敗でも後を引いてその後できなくなることもあります。こうしたたましいは、「物質的なものに左右されない愛を知りたい」という想いを持って生まれてきたのです。

女性の場合、潤いがなくなり性交痛があるとか、感じなくなってきたことをトラウマに思う人がいます。けれど、やはりこうした場合も、ハートでとらえるもの。男女でセックスに求めるものが違うと知ることも大切です。男性は「強く逞《たくま》しいほうが女性は喜ぶ」と思っているけれど、実は女性はもっと優しくしてほしいと思っているのだそうです。お互いにこうした違いを理解し合うこと、セックスや避妊などの大事なことを語り合うことも、愛の育みなのです。

また、先天的・後天的にハンディキャップを負ってセックスができなくなる人もいます。肉体的なつながりが持てなくても心をつなげることはできますし、こうした課題を持つ人は、たましいがより大我に目覚めたいと望んで生まれてきていま す。セックスだけが愛をはかる基準ではありません。

生まれてきた理由……物質的なことに左右されない愛と、心のつながりを得るため

トラウマ57

特殊な性癖がやめられない

刺激がないと燃えない私。
特殊な性癖は克服したほうが良いのでしょうか？

セックスにまつわるトラウマのなかに、特殊な性癖で悩んでいる人もいます。過去にもテレビ番組で、ＳＭの嗜好《しこう》に悩んでいる女性の霊視をしたこともありました。こうした性癖は、パートナーも同意のうえで楽しんでいるのなら問題はないのかもしれませんが、一方だけの趣味・嗜好であるなら、それを相手に押し付けるのはよくありません。

ＳＭの場合、前世を視てみると、拷問官だったり、折檻した経験があるたましいが再生してきたケースがあります。あるいは、過去に虐待を受けていたり、一方的なセックスをされた経験があると、反対に「相手を征服したい」という欲求を持つこともあります。このように、過去の名残で、今生においても強い刺激がないと感じなかったり、快楽を得られないということがあるのですが、今回生まれてきたのは、「快楽に依存しない愛に気づくため」です。

極端な性癖は、エスカレートしていくとどんどん過激なほうに向かっていくため、パートナーを傷つけたり、快楽そのものが目的になってしまうこともあります。そして、痛めつけることや刺激を加えることでしか喜びを得られないという状態が長く続くと、感覚がマヒしてしまう危険性もあります。この場合、「たましいにとって早く克服したほうがいい課題」を今生に引き継いで生まれてきています。乗り越えるために自ら選択してきたテーマなのですから、克服できるように考え方を変えていく必要があります。

こうしたたましいは、人からの愛情は物量ではかることのできないものだと知ること、そして、快楽は物理的な刺激で得るものではなく、心で感じ合うものだということを学ぶために、生まれてきています。

後天的には、たとえば親からの虐待を受けるなどして、痛みでしか愛情をはかれなかった過去があると、その後の恋愛や結婚生活においても「好きなのにそれをどう表現していいかわからない」という状態になり、相手を傷つけることで愛情をはかろうとしてしまうこともあります。セックスに限らず、あなた以外の誰かを傷つけるくせがあるなら、それを正すことがあなたの今生の学びなのです。

また、好きな人から強いられて、自分では望まないセックスや性癖につき合っている人は、相手のために断ることも愛情です。悪しきくせになっていると、どんどんエスカレートしていってしまいますし、いいなりになっているほうも、そこに克服しなければいけない課題があるのです。「嫌われたくないから、仕方なく言うとおりにする」という心が隠れていることがあります。従わせる側と従う側という関係は、何もセックスだけではなく、普段から続いているわけです。そのお互いの波長が引き合ったから出会った相手。お互いのたましいの成長のために、それぞれの未熟な部分を浮き彫りにし合っているのですから、そこから目をそらさずに克服していくことが、この世に生まれ、学ぼうとしている課題なのです。

SM以外の性癖についても、パートナーの理解を得られないものやエスカレートしていくものは、その誘惑を乗り越えていくことが課題です。刺激的なものや特殊なやり方でないと得られない快楽は、所詮物質的な一時のもの。たましいを汚すこともあるので、なぜそのくせがあるのかを自分なりに分析して、克服する努力をしましょう。

生まれてきた理由

物質的な快楽や刺激におぼれる未熟さを卒業するため。
過去に乗り越えられなかった問題を克服するため

トラウマ58

同性しか愛せない

どうしても同性にしか魅力を感じられない。
それって間違っていることなのでしょうか？

同性しか愛することができないセクシャリティを持ったことも宿命です。私たちは、生まれてくるときに自分の学びにとってもっともふさわしい性別を選んできます。男性として生まれ、男性を愛することも、女性として生まれ、女性を愛することも、その人の学びのカリキュラムとして、自分で選んできています。

スピリチュアルに見れば、たましいには性別はありません。性別があるのは、肉体を持っている間だけのこと。同性を愛することも、たましいのうえではなんら特別なことではありません。

同性愛というカリキュラムを選んできた人の前世を視ると、いくつかの傾向があります。まずひとつはお稚児《ちご》さんだったり、大奥で女の園のなかで生きていたりするなど、どちらかの性別に偏った環境で生きていた前世の場合。そして、もうひとつには、男尊女卑の根強い地域に生きていた経験がある場合。**前者は、過去の経験がたましいに刻まれていて、今生でも同じように同性を愛するというカリキュラムを選び、「性別にとらわれない愛」を知ることを望んで生まれてきています。そして、後者の場合、前世で男女という「性別」によって人を差別した経験のあるたましいが、反対に「性別」を通して学んでいることがあります。**

また、もうひとつの傾向としては、これまでにたましいが何度も現世に再生するなかで、両方の性を何度も経験していて、男女のどちらを愛することにもこだわりがなくなっている場合があります。このケースでは、肉体的な欲は少なく、どちらかというとプラトニックな関係になることが多くみられました。

どの前世の傾向であったとしても、たましいはとても真摯《しんし》に「愛を学ぼう」としています。偏見差別は少なくなりつつあるとはいえ、この国ではまだ同性結婚は難しいなど、いろいろな縛りもあります。そのような意味で、「形にとらわれずに絆を結ぶこと」に挑みたくて、このカリキュラムを選んだとも言えます。試練があるぶん、得るものも多いのです。

スピリチュアルなことを言う人のなかにも、同性愛についてまったく勘違いして、「同性愛は憑依だ」などと言う人がいるのですが、そんなことはありません。あくまでも自分の学びのために、生まれる前に自ら選んできたこと。霊的な現象とは関係がありません。

また、同性愛者であることをカミングアウトするかどうかの相談も、過去にたくさん受けてきました。親御さんに言うか言わないかで迷っている人も多かったのですが、これはケースバイケースで、相手を想う気持ちゆえに黙っておく選択をした人もいました。「ウソも方便」という言葉の通り、伝えることでショックを受けてしまいそうな場合や、理解を得ることが難しいとわかっている場合に、あえて「言わない」という結論を出すこともあるのです。それは、大我の愛ゆえの選択です。是が非でもウソをつきたくないと言う相談者もいましたが、自分が本当のことを伝えて楽になりたいのが動機なのだとしたら、それは残念ながら、小我です。

あの世に帰れば、真実はすべて明白になります。仮に親の気持ちを考えてカミングアウトしなかったとしても、あの世ではその動機も明らかになりますから、現世だけを見ないことが大切です。男であろうが女であろうが、この性別はこの世だけのもの。言ってみれば「着ぐるみ」を着て役を演じているだけなのです。

また、こういった「性」の学びを選んできたたましいのなかには、インターセクシャル（両性具有）の学びをすることもあります。神話の世界では両性具有は神として描かれていますが、たましいには性別はないのですから、こうした性を選んできた人はまさに「性別を超越して生きること」が課題なのです。

どのような性に生まれても、それをトラウマに感じることはありません。あなたがあなたらしく生きるために選んできた性を前向きに受け入れましょう。

生まれてきた理由……**性別にとらわれない愛を学ぶため。**
他者への偏見や差別をなくすため

トラウマ59

性器（胸）が小さい

人と比べて小さくて、自信が持てない。コンプレックスから逃れる方法はありますか？

性にまつわる外観にこだわる人は男女問わずたくさんいます。胸が小さいのが嫌、男性器が小さいのがコンプレックスなど、ただ見た目が気になるという以上に、「こんなだから恋愛もまともにできない」とか「これが原因でうまくいかなかった」というトラウマを生んでいることがあります。

スピリチュアルに見れば、こうした外見もすべて自分自身で選んできました。「本当の姿を理解してくれる相手と出会いたい」と、たましいがあえてその個性をコーディネイトして生まれてきているのです。ですから、本来はそのままを受け入れて、外見に左右されず、あなた自身を見てくれる人に巡り合えることを志して今生にきています。

しかし、ここからが難しいところで、「どうしても嫌でしょうがない。自分に自信が持てない」と〝自分の個性を受け入れられずにいる人〟がかなりいます。その器を受け入れることが学びではありますが、あまりにも強いコンプレックスになっている場合は、そのトラウマを克服することが先決になります。たとえば、美容整形手術を受けるのも、自らの責任主体であれば選択肢のひとつとして否定はしません。すべては動機しだいで、自分の見栄のためだけに外見を変えるのは物質的ですが、自信がないあまり、人と接することまで閉ざしてしまっているのなら、是が非でも「器を乗り越えなさい」と押し付けることはできません。あなたしだいです。

以前、こうした美容整形にまつわるリポート取材を行ったとき、病院の先生から伺った話はとても興味深いものでした。男性が性器の大きさを気にして手術するのは、自分のためであるのに対し、女性の場合、男性を喜ばせようという動機で手術する人が多いのだそうです。ほかにも、お年を召した方が介護を受けるため、介護ヘルパーさんに不快な思いをさせない心づかいとして手術を受ける人もいるのだとか。まさに、動機にはさまざまあり、また時代の移ろいによっても変わってくることを学びました。

ただ、外見を変えた途端に掌を返したように近づいてくる人がいるなら、それはそれでいかがなものでしょう。今度また外見が変わることがあったら、それだけで離れていく人かもしれません。物質的な価値観や基準で相手から判断されて納得できるかなど、外見を変えた後のこともいろいろと考えたうえで選択することが大切です。

結局のところ、外見的なことが気になるのは、その人の「心」の問題。相手を想う大我から気にしているのか、それとも外見を変えて気に入られたいだけなのか。しっかりと分析してみないことには、一概に良いとか悪いとか言うことはできないものだと思います。繰り返しになりますが、こうした外見を選んできたのも、自分自身です。コンプレックスとともに生きるなかで、周りからいろいろ言われて苦労したり、傷つく経験をしたりしながら、「たましいを磨きたい！」と思って生まれてきたのです。

こうした見た目の問題は、本人が気にしているほどには、周りは関心を向けていないことが多いように感じます。それに、たとえ周りからコンプレックスを指摘されたとしても、実はそれが、指摘した人自身のトラウマだった、ということもあります。人は誰しも何らかのコンプレックスを持っているもの。そのため、人のコンプレックスを指摘することで「自分は大丈夫だ」と安心したいという、意地悪な思いが働くこともあるのです。ですから、周りの人の言葉をすぐ真に受けるのではなく、相手がなぜそういうことを言うのかを分析する冷静さを持つことも、トラウマを克服するひとつの方法です。

もし、こうした性的なトラウマがもとで、パートナーとうまくいかなかったり、あなたを悪く言ったりするような相手なら、どうしてその相手と巡り合ったのかを考えてください。絆を育てられる相手であれば、パートナーのトラウマをも含めて受け入れることができるものです。もしそうではないなら、あなた自身も相手を外見で選んでいなかったか、表面的なところだけで惹かれていなかったかを振り返ってみましょう。

生まれてきた理由……**自分自身の器を受け入れ、外見ではなく内面を見て人とつき合えるようになるため**

グループ・ソウル（類魂《るいこん》）の法則

私たちには、「たましいの家族」がいます。それが「グループ・ソウル（類魂）」。この世に生まれる前、私たちのたましいは、霊界で類魂のなかに溶け合っていました。グループ・ソウルをひとつのコップに入った水とイメージしてください。そこから一滴、部分的にこの世に生まれてきたのが、今生のあなたです。人生を終えるとまたそのコップに戻り、類魂と溶け合います。そのとき、前世も含めた経験を振り返り、「もっと学びたい」という向上欲を持ったたましいが、またそこから生まれる。これが「来世」にあたります。

今、あなたのなかにあるトラウマも、実は類魂全体の課題。たましいは何度も再生を繰り返しながら、さらなる向上を目指しているのです。

人生のトラウマ

トラウマ60

障害を持って生まれた

ハンディキャップを背負うのは宿命なの？
なぜ障害を持って生まれなければならないの？

先天的なハンディキャップや遺伝性の病気を持って生まれてきたために、子どもが作れないと言われている人など、性という問題においても、世間でいう〝障害〟と向き合っているたましいがあります。私はいつも「障害という言い方は嫌いです」と言っていますが、障害というのはあくまでも現世的に、肉体のうえでは苦労することもあるというだけであって、たましいにおいては、まったく関係のないことなのです。

機能的な障害があることは確かにつらいかもしれませんが、現世的なこうした〝負荷〟は、たましいの学びの上級者だからこそ選んできたものです。現世に生まれてくるときに、乗り越えられない課題を持ってくることはありません。ですから、**肉体的なハンディキャップを持つことを選んだたましいは、それだけ「乗り越**

える力がある」ということ。ハンディキャップとともに生きるなかで、家族や周りの人たちの愛を知り、生き抜く課題を持って生まれてきたのです。

過去の相談では、ハンディキャップを持った子が生まれたことを「自分のせいだ」と考えるお母さんもいました。「妊娠しているとは知らず、風邪薬を飲んでしまったからでは……」など、自分の過失を責めてしまうのです。しかし、子どものほうも、親を選んで生まれてきています。ハンディキャップを持つ子とともに生きることで学び合え、この課題を乗り越えていける親だからこそ親子として出会ったのですから、自分を責めることなど一切ありません。

障害と受け止めてしまうのは、現世的な秤《はかり》だけでものを見ているから。スピリチュアルな視点に立てば、この世に生まれてきたということはみな、克服しなければならないトラウマを持っていますし、そういう意味では全員が〝障害〟を持っているとも言えます。親から捨てられて人が信じられなくなっているのも、人を愛せないと悩んでいるのも、ある意味では心のハンディキャップです。肉体的なことだけではありません。みんなそれぞれに、自分の課題を選び、人生という舞台で〝難役〟を演じているのです。

先天的なものだけではなく、後天的にハンディキャップを得て、苦労している人もいます。それまでは普通にできていたことができなくなり、はがゆさや苛立ちを覚えることもあるでしょう。しかし、後天的な場合であっても、それを乗り越えることでたましいを向上させていく宿命を選んで生まれてきました。たましいの永遠の時間から見れば、この現世を生きている時間はまばたきするほどのあっという間。前世も来世も含め、何度も繰り返される再生のなかで、たましいは毎回配役を変えながら、いろいろな学びをしているのです。たましいを鍛えるスポーツジムにきているようなもので、そこで「あの人はすごいな。あんなに重いバーベルをあげてうらやましい」と思ったり、「あの人はあんなに軽いダンベルで楽しようとしているのかな」と比べても仕方のないこと。見ようとしていないだけで、それぞれの苦労があります。

先天的であれ後天的であれ、あなたは、たましいの学びにちょうど良い負荷を自身で選んで生まれてきているのですから、目の前にあるテーマを受け入れ、向き合うことが一番大切です。

肉体的な機能は誰もがやがて衰えていくものですから、「みんな順番なんだ」と受け入れることも大事。人は、そのときにならないと当事者の苦労を理解できないことが多いですが、今だけを見るのではなく、長い目で「想像すること」「相手を思いやること」を学ぶことも生まれてきた理由です。そして、現世的にいう〝障害〟を選んで生まれてきたことは、あなたの家族や友人など、周りにいる人たちに「人をいつくしむこと」「いのちを愛すること」を教えるという大きな役目を持っているとも言えるのです。

生まれてきた理由

ハンディキャップを乗り越えるなかで愛を知るため。
そして周りに愛を教えるため

トラウマ61

挫折で心が折れた

受験に失敗した、夢をあきらめた。
挫折を乗り越えることに、どんな意味があるの?

人生において、挫折したことの多い人ほど、たましいは磨かれています。もちろん、生まれてから今日までずっと順風満帆にくることができた人もいるかもしれません。しかし、こうした現世的に見て「お幸せ」な人は、スピリチュアルな視点から見ると、波瀾に満ちた人生を送るには、まだ〝たましいの体力〟が足りないということです。どちらがいい、悪いではなく、たましいの学びの段階の違いです。幼稚園児には幼稚園児の、大学生には大学生の勉強があるように、その力に応じたカリキュラムを学んでいるのです。

スピリチュアルな世界と現世では、価値観がある意味、真逆と言えます。現世では、挫折を味わうほうが不幸で、何もないほうが幸せと思うかもしれませんが、たましいにとっては、試練が多いほうが幸いなのです。

挫折と言っても、いろいろなパターンがあるでしょう。たとえば、受験の失敗。長く受験勉強を続けてきたのに、志望校に入れず、のちのちまで「学歴コンプレックス」を抱いてしまう人もいます。一方、受験に失敗する経験を通じ、「この世には努力してもうまくいかないことがある」と悟り、前向きに失敗を受け入れた場合は、挫折は飛躍へのバネになります。

受験に失敗することが、たとえどれほど心が折れるような経験だったとしても、そこで人生が終わるわけではありません。むしろ、たましいはその苦難を乗り越え、強くなることを志しているのです。災いや不幸の陰には必ず幸いがあります。順風満帆で歩んでいたらわからなかったこと——失敗するつらさ、努力が報われない虚しさなどを知ることで、人間力が身につくのです。同じ経験をしている人の気持ちがわかったり、人を結果だけでは判断しない物の見方ができるようになります。

ときとして、そうした学びのために、挫折するカリキュラムを自ら選んでいる場合もあります。結果だけですべてを判断してはいけません。志望校に入らなかったことで、むしろ勉強したいテーマに巡り合えたりすることもあるのです。

私はいつも、「ただで転ぶな、まんじゅうを握りしめて起き上がれ」と言っているのですが、失敗して嘆き悲しみ、自分を否定するのは〝ただ転んでいる人〟。感動というまんじゅうを持って次にいける人のほうが、たましいは強いのです。

また、人生の中で抱いていた夢を途中であきらめた人もいるでしょう。自分で力が及ばないことを知ってあきらめたり、人から「向いてない」と指摘されて止めてしまったケースもあるかもしれません。私も学生の頃、先生から図工の時間に「ぶきっちょだ」と言われたことがずっとコンプレックスになっていて、高校進学を前にして、美術系の学科のある高校を受験するかどうかずいぶんと迷いました。しかし、そのときは結局、「うまい絵よりも味のある絵のほうが大事ですよ」とある先生から背中を押され、受験をしたのです。その後、大学も美術系の学科を選びましたが、今はそれを専門には続けていません。しかし、続けなかったことを惜しいとは思っていません。自分なりにトラウマを克服したから、納得がいっているのだと分析しています。

周りから、夢を追うことを否定されて、それがトラウマになっていたり、ずっと恨みごとを言い続ける人がいますが、それは冷たいようですが、「そこまでの情熱だった」ということではないでしょうか。自分自身でも経験しているからこそ、思うのです。本当に好きなことであれば、何が何でも、たとえ結果が出なくても続けられるはずです。

夢をあきらめたのは、宿命ではありません。自分で選んだものです。自分で決めたことなのに受け入れられなかったり、周りから言われたからあきらめたというのは、厳しいようですが甘えです。あなたが、夢を追い続けるか、あきらめるかという決断を迫られるカリキュラムを持っているのは、自分で人生を創りあげていくこと、選択していくことを学ぶため。夢に挫折する試練があるのも、あなたの本気を試すリトマス試験紙なのです。

生まれてきた理由……物質的な成功だけにとらわれず、自分の力で人生を選択し切り開くため

トラウマ62

人生が急変した

それまで順調だったことが一転！
転落してしまったのは何かの呪いなの？

それまで問題なく進んでいたことが途中からうまくいかなくなる。人生には、そうした突然の変化に見舞われることがあります。しかも、一度だけではなく、二度三度、「うまくいきかけたと思ったら悪いことが起こる」ということがあって、何かに挑戦することに臆病になってしまうこともあるかもしれません。「私は何かに取りつかれているんですか？　呪われているんですか？」なんて尋ねる人もいますが、いいえ、これは呪いではありません。

まず、ひとつに、因果の法則によって起きていることです。人生に起こる出来事には必ず因縁果《いんねんか》があって、どんなに降ってわいたように思えることにも、原因があり、それを結ぶ縁があって、結果につながっているのです。

「いつもうまくいかなくなる」というトラウマを持つ人は、まず、自分自身の日ごろの行い、発する言霊、心に抱いた想いに意識を向けて過ごすことです。自分の蒔いた種が返ってくる因果の法則は、すべての人に共通する学びではありますが、とくに、何度も同じことでつまずいてしまう場合は、より深く因果の法則を学ぶために生まれてきているといっても過言ではありません。

こうした突然の試練は〝びっくり水〟のようなもの。沸騰していた湯に差し水をすることでウソのように静かになるように、それまでの流れがパッと変わります。しかし、そんなふうに事態が急変したときにこそ、たましいの底力が試されるのです。取り組んでいることは本当に正しいことか、信念を持って貫けることかなどを、客観的に判断するための時間なのです。うまくいきかけているのに中断されてしまうのは、感情を落ち着かせる冷却期間とも言えるわけです。

事態が急変するような出来事によく見舞われる人生を、あなたはどうして選んできたのでしょうか。人生という舞台でいえば、こうした急変が起きるのは、一番面白い「第三幕」です。起承転結でいえば「転」の部分であり、波瀾が起きたり、試練があったりする一番ドラマチックなところ。確かに、つらいことも多いかもしれませんが、たましいにとっては、それこそが感動的なシーンとなるのです。そこをどう演出するかが、あなたの腕の見せどころです。

こういった波瀾万丈な人生を、あなた自身が望んで生まれてきたのです。あなたが生まれてきたのは、「転じるからこそ面白い、濃い人生」を味わうため。前世では、反対に穏やかで波のない人生を送っていた場合が多いのです。だから今生では、ジェットコースター級に変化する人生を望んできました。

因果の法則で、乗り越えるまで何度でも同じ課題がやってきますし、波瀾は次々と起こるかもしれません。もし、途中で「もう嫌だ」と思うなら、方向転換をしてもいい。スーパーに行って、どの商品を買ってもあなたの自由であるように、人生の経験と感動も、チョイスするのはあなたです。ただし、ここでも「意味のない試練は起こらない」ということを、心にしっかりとどめておくことが大切です。

生まれてきた理由……………

波瀾に富んだ人生、
変化するからこそ楽しい人生を生き抜くため

トラウマ63 鬱になった

鬱になって落ち込んでしまうのは、たましいが生まれつき弱いからなの？

仕事のストレスや人間関係のしがらみに疲れ、鬱になってしまう人が増えているように思います。すべてのケースではありませんが、鬱という学びを課題に選んできた人のたましいは、霊視すると、前世で挫折することなく生きてこられた場合が多いのです。人生が穏やかな一本道だったぶん、横道にそれることもなくやってこられたたましいなのです。そうした名残で、今生でも、生真面目で、何をするにも「一つの道しかない」と思い込んでいるところがあるのです。「これがうまくいかないなら、じゃあ、こうしてみよう」と次の一手を考えることが苦手ではありませんか？　平たくいえば、少々頑固でもあります。ひとつのことでうまくいかないと、すべてをダメだと決めつけてしまうから、ますます思いつめてしまうのです。

本来、こうしたたましいは、前世とは違う、喜怒哀楽に満ちたドラマを味わいたいと望んで生まれてきています。自分で変化に富んだ人生を選んでいるにもかかわらず、壁にぶつかるたびに、どう打破して良いかわからなくなり、立ち止まってしまっています。

鬱で悩み、それがトラウマになってしまう人は、運転にたとえるなら、まっすぐに走ることに必死になっています。途中途中でサービスエリアに入って休憩しながら進めばいいのに、「このルートしかない」と思うと、猪突猛進で一直線に走ろうとしてしまいます。「ほかの道もあるのに……」とか「急ぎすぎなんじゃないの？」と周りから言われても、ぶんぶんとエンジンをふかしてしまう。それで、オーバーヒートしてしまうところがあるのです。

鬱になって、たましいがフリーズしてしまうのは、「もう少し人生のドライブを楽しむために運転の仕方を覚えましょう」というメッセージであり、休むために強制的にサービスエリアに入れられるようなもの。そこで心身を休めて、もう一度、「人生の地図」を見直す必要があるのです。因果の法則や波長の法則などの「スピリチュアルな8つの法則」（詳しくは拙著『スピリチュアルな人生に目覚めるために』などをご参照ください）こそが、その地図となります。

冷静に分析して自分を見つめることができれば、次にどういうルートをたどればいいか、自分で判断できるようになります。こうした法則を理解するとともに、必要に応じてカウンセリングを受けたり、専門家に見てもらうなど、心身のバランスを取りながら癒していきましょう。また、人に話すことも解決につながることがあります。話をすることで悩みの原因が見えてきて、セルフカウンセリングできるようになっていきます。誰とも話をせず、自分の内側にこもってしまうと、糸が絡まるように、悩みはより一層深まっていくものです。そういえば〝おしゃべりな鬱〟というのはあまり聞きません。おそらく話好きの人は、多少の悩みなら人と話をするなかでアドバイスを得て解消できたり、話をする過程で自分の考えを整理する内観につながるのだと思います。

あなたが生まれてきたのは、視野が狭くなりがちな気質を自覚して、物事をもっと俯瞰《ふかん》して見ることを学ぶため。道が混んでいるなら迂回することを考えるなど、応用力をつけるためです。いつもひとつの道だけが正しいわけではないとわかるだけで、鬱というトラウマは少しずつ癒えていくでしょう。

ただ、こうした本当の鬱ではなく、怠ける気持ちから鬱のような症状になる〝プチうつ〃は、また学びの課題が違います。試練やトラブルがあるたびに周りに依存したり、問題から逃げることばかり考えているために、〃プチうつ〃になるのです。厳しいかもしれませんが、「自分の足で歩き、問題に向き合っていくため」に生まれてきたことを意識しなければなりません。

生まれてきた理由…………**人生にはさまざまな道があることに気づくこと。俯瞰して物事を見る学びのため**

トラウマ64

いっそ死んでしまいたいと思う

生きていてもいいことが何もない。
なぜ私は生まれてきたの？

生きる希望が持てない……もういっそ死んでしまいたい。人生の旅路のなかで、誰もが一度はそんなふうに考えたことがあるのではないでしょうか。すべてのたましいは、この世に経験と感動、そして喜怒哀楽を求めて生まれてきたことは、これまでにお話ししてきました。自分自身でカリキュラムを選んで、トラウマを含め「さまざまな問題を克服しよう！」と意気込んで生まれてきたにもかかわらず、生きることさえ苦しくなる。

では、もしそこまできたらどうすればいいのでしょうか。「死にたいほどに疲れたとき」は、自分のたましいの体力が落ちてしまっています。そんな状態で無理に頑張ろうとしたり、自分自身を責めたりする必要はありません。

死にたいと思うまでに思いつめてしまう原因は人それぞれだと思います。大失恋をした、仕事で大きなミスをした、リストラされたなどなど。しかし、どんな出来事であっても、あなたのたましいの成長にとって不必要なことは起きていません。悩んでいるときはその問題の渦中にいるため、今しか見えないかもしれません。けれどその問題は、前世から引き継いだ思いぐせを教えてくれるものだったり、これまでの人生のなかでまだ学びきれていないテーマだったりするのです。克服することのできない問題は、あなたのもとにやってきません。そのことをいまいちど、心に刻んでみましょう。

そして、焦らないことが一番大切。あなたにはあなたのペースがあり、背伸びしても仕方がありません。歩くペースが落ちたときは、ゆっくりの歩調に変えてもかまわないのです。ただ、そこで大事なのは、「明日」を見ること。ひとつでいいから、人生の喜びをオプションとして加えてみるのです。どんなささいなことでもかまいません。あなたの心が豊かになること、うれしいと感じることなど、ひとつだけでいいから、人生にプラスしてみましょう。

苦しいときほど、生まれてきた理由を意識して思い出してみましょう。ふるさとであるグループ・ソウルのなかから、あなたはいわば今回の代表選手として、たま

しいを磨く旅にきたのです。いつか天寿をまっとうしてあの世に帰り、グループ・ソウルに戻るときに、「精一杯生き抜いた！」と言えるようにしたい。どのたましいもそう望んで生まれてきたのです。

もし、あなたがここで生きることをあきらめてしまったら、どうなるでしょう。たましいの学びは中断されてしまうことになります。すると、また来世でも同じ課題に取り組まなければならなくなります。自殺で命を絶った場合のことは200ページからの項でも触れましたが、現世に再生するまでには、途方もなく長い自己反省のときを経なければならないのです。せっかく生まれてきたこの人生をまっとうしなかったら、来世で今度は「やりたいことがたくさんあるのに、早くに寿命を迎えてしまう」というふうに、反対の立場で学ぶことになるかもしれません。

死にたいほどの気持ちになったとき――それは逆に、生きる意味や生まれてきた理由を見つめ、〝仕切り直しをする〟という意味があります。

生まれてきた理由…………苦しみも喜びもすべての経験を糧にして、人生を精一杯生き抜くため

トラウマ65

トラウマと生命の真理

トラウマを癒せていないたましいが
事件を起こしてしまうことはあるの？

スピリチュアルな真理のなかには、果たしてどこまで言及して良いものかと考えさせられることがいくつもあります。たとえば、「トラウマを癒せていないたましいが事件を引き起こしてしまうことがあるのか？」など、生命の真理、死することの真理の深い部分にかかわってくる問題で、スピリチュアルな法則を真に理解できていない人には、誤解を与えてしまいかねない内容なのです。

ここ数年の間に起きた事件を見ても、仕事でトラブルがあったとか、リストラされたといったような〝トラウマを克服できていない状態〟で、その不平不満をまったく何の関係もない人にぶつける最悪の形になったものが多かったように感じます。そうした事件で、家族や大切な人の命が奪われる経験をされた方は、たいへんな心の痛みを覚えておられることと思います。けれど、そうして犠牲になるたましいとは、とても熱心に勉強しに今生へやってきているのです。なかには、その尊い命を捧げて、この現代に生きる私たちに多くのメッセージや気づきをもたらしてくれることもあります。その死が社会への問題提起となっていることもたくさんあるのです。

悪質な飲酒運転による事故が起き、犠牲になる方が相次いで、法改正がなされました。そういうふうに、尊い命をかけて、社会をも動かすことがあるのです。こう言うと、必ず「じゃあ、殺されるために生まれてきたんですか?」と尋ねる人がいます。ほかにも、虐待を受けて亡くなった子どもたちは「それでも親を選んできたのですか?」と疑問がわくかもしれません。真実は、もうここまでお読みいただければおわかりかと思います。前世も含め、多くの経験を積んで学んできたたましいのなかには、自己犠牲をもいとわない大我に目覚めたたましいがある、ということなのです。

短命であったり、こうした理不尽な亡くなり方をすることを、現世的に見れば不幸だと言うのかもしれません。しかし、スピリチュアルに見れば正反対です。どのような亡くなり方であれ、あの世へ旅立つときには、なんの痛みも苦しみもありません。現世に残っている私たちは、まだあの世には帰れない勉強途中のたましいだということです。まだ学ばなければならないこと、無知なことがたくさんあるから、最後まで生き抜かなくてはならないのです。

自分の身の回りにこうした理不尽な事件で亡くなった方がいない場合でも、「自分は関係ないや」と他人事ととらえないでください。同じ世界のなかで起きたことは、あなた自身の問題です。

広い意味でいえば、みんな、たましいを向上させようとして生まれてきた〝類魂(グループ・ソウル)〟なのです。自分がその立場だったらどう感じるか、家族が巻き込まれたらどう思うか、何ができるのかなど、想像力を持って考えてみましょう。こうして、世界全体を家族と思い、あらゆる出来事を自分のこととして見直し、理解していくことで、少しずつ大我の心が育っていくのです。そして、この世に再生することを決めてやってきたたましいは、みな、この大我に目覚めるために生まれてきたのです。

生まれてきた理由……………

あらゆることを自分のこととして見つめ、受け入れ、やがて大我に目覚めるため

スピリチュアル用語解説

あの世《よ》

死後の世界。たましいは、現世での成長度合いに応じた階層へ向かう。死後、現世と幽界の中間地点である「幽現界」を経て、その後「幽界」「霊界」へ進む。たましいは、最終的にその先の「神界」へ移行することを目指している。

現代のトラウマ

トラウマ66

他人の悪事（不倫）を罵りたくて仕方がない

自分には関係のない芸能人の不倫なのに、許せない気持ちがフツフツとわいてきて……

世の中で起きることは、時代の映し出し。これほどまでにみながみな他人の問題に首を突っ込み、罵っている現状は、今を生きる人の心がいかに満たされていないかを表しています。私はいつも「幸せな人は意地悪しない」と言っていますが、逆もまたしかりで、不幸せだと意地悪な気持ちがわくのです。

俳優やタレントなど、人気のある人たちの不倫が発覚すると、連日のようにワイドショーや週刊誌が取り上げます。その報じられ方を見ていると、どこか〝いじめ〟の構図に似ているように感じてしまいます。世間の一部の人たちはそれを見て、喜んでいるのです。

そうした現状を見て、確信しました。それは、一見不倫に対するバッシングのようでいて、内実は違うということ。不倫した著名人には集中砲火するのに、一方で不倫を描いたドラマは人気が出る。フィクションなら自己投影して楽しむのに、リアルだと、なぜ許せないのか。その矛盾を突き詰めると、実は、批判の矛先が〝不倫そのもの〟ではないことが浮かび上がってきます。

叩かれるのは、社会的地位があったり、売れていたりして、〝いい暮らし〟をしていそうな人ばかり。端的に言えば、ねたみ・そねみ・嫉妬です。「こっちは毎日切り詰めているのに、不倫なんてホントいいご身分ね！」というねたみ、「うまくいっているのが癪《しゃく》に障るから、足を引っ張ってやろう」という意地悪な気持ち。そういう思いが根底にあるわけです。

昔から「人の不幸は蜜の味」とはよく言ったもの。でも、いくら不貞を働いたと言っても、あくまでも当事者間の問題。よそ様は関係ない話です。それなのに、他人の色恋を気にし、バッシングするのは、その人の生活レベルやお金への嫉妬があるからにほかなりません。だから逆に、貧しい下積み時代からずっと支えた〝糟糠《そうこう》の妻〟には同情が集まるのです。

不倫に限らず、他人の悪事を罵りたくて仕方がなくなるとき、実はそこに「お金のトラウマ」が潜んでいるのだと知ることが大切です。

このトラウマは〝物質信仰〟とも深く関わっています。現代人は誰もが「お金がないと幸せになれない」と洗脳されています。遊びにしても、バーチャルなゲームばかり。昔は洗濯バサミを電車に見立てて遊んだりしたものですが、今はどんどん想像力を失い、工夫することを忘れています。想像力があれば、お金がなくても楽しめるのに、それができないのです。

物質的価値観に洗脳されているこの国にあって、唯一希望があるとすれば、〝さとり世代〟と言われる今の若者たち。彼らは不況のなかで育ってきたからか、「電車で移動できるから、別に車はいらない」とか「将来のために貯金する」などと言って、無駄を好みません。それでは経済が回らないという人もいますが、そこまで経済大国である必要があるのでしょうか。これからは、物に依存しない生き方こそが本当の豊かさだと気づき、真の幸せを知ることが必要です。

自分にはまったく関係ないことで他人をねたんだり、挙げ句の果てにつるし上げたりするトラウマを解消するためにも、「あなたが生まれてきた理由」に想いを馳せてください。ねたましいほどにうらやましいのなら、あなた自身も頑張るしかありません。お金が欲しいなら必死に働いて稼ぐしかない。つまり、自分で努力する

ほかに解決策はありません。ねたみ、そねみ、嫉妬にとらわれてしまう人は、その怠惰な自分を克服するために生まれてきたのです。自分を磨くこともせず、ただ他人を罵って溜飲《りゅういん》を下げているようでは、貴重な人生の時間の無駄遣いです。

他人をうらやみ罵る人は、バッシングされる側の人たちより、ある意味ずっとお気の毒。こうした行動が抑えられない人は、経験した前世の数自体が少ないのです。未熟な若いたましいだから、隣の芝生が青く見えるのかもしれません。ですが、どんなに華やかに見える人も、必ずそのぶんの代償を払っています。経験が豊かなら、裏にある苦労にも想像が及ぶのですが、たましいが幼すぎてそれができないのでしょう。

来世もまた同じことをせずにすむように、この人生で、〝愚痴ったれ〟と〝怠惰〟を改めてください。せっかくの人生です。それほど欲しいものがあるなら、うらやむよりもがむしゃらに努力して、自分の手で摑み取りましょう。

生まれてきた理由……………… **自分ではろくに努力もせず、他人をねたむような「怠惰」を直すため**

トラウマ67

SNS中毒

インスタ映えやSNSの「いいね」が欲しくて暴走。
見知らぬ他人への中傷もやめられない

SNS（ソーシャルネットワーキングサービス）で、日常のワンシーンを写真や動画、短い言葉などで投稿し交流する。そうしたネット上でのコミュニケーションが盛んな現代。「インスタ映え」というワードに象徴されるように、いかに自分の生活が充実しているかをアピールすることに、みな血道を上げているようです。

「いいね」と言われたいがあまり、行き過ぎた行動に出る人もいて、問題になりました。映える一枚を撮るために危険な行為をするなど、人としての正常な感性を失っています。「いいね」と言われることで承認欲求を満たしているのかもしれませんが、それで果たして本当に幸せなのでしょうか。子どもにかわいいお弁当を作るのも、SNSにアップするのが目的だと、飽きた途端、ネグレクト（育児放棄）につながりかねません。

ろうが、それが盛った自分やライフスタイルであろうが関係ない。とにかく他人よりも多くの「いいね」をもらうことで、幸せを感じたいのでしょう。でも、本当に幸せなら、アピールしなくても心が満たされるはずなのです。それをいちいち「今日は家族でどこそこにショッピング」などとひけらかすのは、誰かに「幸せだね」と肯定してほしいから。「いいね」を欲しがる姿は、「本当は満たされていない」「幸せがわからない」というトラウマの映し出し。切実なたましいの叫びのような気がしてならないのです。

他人と比べて自分が幸せかを量る心理がエスカレートすると、自分より恵まれた環境にある人をねたみ、足を引っ張る方向に向かいます。ねたみの対象を貶《けな》すことで、「あの不幸な人より、まだ自分のほうがマシ」と安堵するのです。匿名性が高いネットの世界では、平気で「死ね」などの暴言を書き込む人もいます。実際、こうした誹謗中傷が原因で自殺したというニュースを、国内外で耳にするようになりました。芸能界はもとより、中高生など一般にも広がっているようです。死に追い詰めるほどにまで、他人を憎々しく思う。そこにあるトラウマを掘り下げてみると、リストカットにも似た自傷行為だと分析できます。自分の置かれている環境や現実に受け入れられないことがあって、「どうして私がこんなに苦しまなきゃいけないの」と、わが身の不幸を嘆いている。どこへぶつけていいかわからない恨みを第三者に向けることで解消しているのです。ただ、広義で言うと、たましいはひとつ＝グループ・ソウル（類魂）の法則。類魂ですから、他者＝自分なのです。つまり、刃を他者に向けるということは、自分自身のことも傷つけることになります。

以前、病を持ったお子さんを授かり、「自分が悪かったのでしょうか」と相談を受けたことがありました。霊視してみると、その方は過去にいじめの加害者だったことがわかったのです。そう伝えると泣き出し、「誰にも言えなかったけれど、ずっと後悔していた」と懺悔しました。こういうふうに、過去の出来事と今を結びつけて自分のなかで話を広げ、悩む人がいます。この場合は、後天的なトラウマと言えるでしょう。これを解消するには、素直に相手に謝罪すること。今はもう会えない相手でも、心のなかで謝ることで、その念は届きます。こうして、自分のことも救わなければ、また他者に矛先が向いて、負の連鎖が続いてしまうのです。

自分が蒔いた種は、必ず自ら刈り取ることになります（因果の法則）。先ほどのケースではお子さんのこといじめ自体に因果関係はありませんでしたが、何か別の形でカルマは返すことになるでしょう。他者を中傷し、いじめるというカルマ。そういう悪しき種を蒔いた人は、なにも来世に生まれ変わってから、そのカルマを刈り取るとは限りません。今生で返すことも当然あります。これ以上、自分のカルマの荷を重くしないためにも、気づいたときに、反省することが必要です。

ＳＮＳの世界に映し出されているのは、まさに現代人の心の闇。人間らしい愛念を失い、心がマヒした人々がさらに世にあふれてしまったら、この先何が起きても不思議ではありません。天災や戦争など、危機感を抱かざるを得ない状況になってようやく「本当の幸せ」に目が行くようでは、遅いのです。

そもそも、**前世で「やりきった」「もう思い残すことはない」と思えていたら、改めて生まれてきません。充実感がなく幸せを感じられなかった前世を悔い、今生で克服しようと望んだのはあなた。**それなのに今また、悪しき種を蒔いているのはやはり、怠惰な証。本当にそんな人生で、幸せですか？

……………生まれてきた理由

前世や今生で蒔いた悪しきカルマを返し、本当の幸せに気づいて生きるため

トラウマ68

長い老後が不安で仕方がない

人生100年時代なんて言われても、
お金も人間関係も不安だらけで気が遠くなる

超高齢化を迎えている日本。「長い老後が不安で仕方がない」のは、まさに現代のトラウマです。前世を考えても、今ほど医療は発達していなかったのですから、現代に生きる人々はみな、その進歩を享受して、長く生きるという「課題」と向き合っていかねばなりません。

物質的価値観では、「長寿は幸いで、短命は不幸」と思うかもしれませんが、霊的視点で見れば、価値観は真逆。長く生きればそのぶん、体がいうことをきかなくなったり、病を得たり……と、大変なことも増えていきます。

長く生きるということはそれだけ、現世で学ぶべきことがあるという意味。よく、「業《ごう》の深い人は長生きする」と言いますが、一理あるのです。業、つまりカルマがあるから、たましいのふるさとにまだ帰れないということです。

高齢者のなかには、「早くお迎えが来てほしい」と毎朝手を合わせる人もいるのだと、看取《みと》りのプロから聞いたことがあります。戦中戦後の動乱を駆け抜けた世代は、きっと生き抜くだけで大変だったでしょう。それなのに、人生の終盤で「早く死にたい」と思ってしまうのは、残念なことです。

もちろん、お年寄りがみな「早く死にたい」と思っているわけではありません。私が行きつけにしている熱海の喫茶店のオーナーは、80代ですが、いつも元気で、かくしゃくとしています。週に数日だけ店を開け、手作りのお菓子でもてなしてくれるのですが、調度品ひとつ見てもこだわりを持っているのが伝わってきます。家族から「店を閉めて一緒に暮らそう」と言われても、変わらず頑張っています。そういうふうに、意欲を持って日々を生きることが、長い老後を充実させることにつながります。

よく、高齢者施設などで老いらくの恋をする人もいると聞きますが、お達者な証。取り合ったり嫉妬したり……とひと波乱もあるかもしれませんが、多少のアクシデントは、むしろ生きる力になります。お寿司もサビが効いているほうがおいしいのと同じで、人生にも刺激は大事。「長い老後が不安で仕方がない」とマイナス思考に陥るより、老いらくの恋でときめく自分を想像したほうが前向きです。不安の数を数えるより、楽しみの数を数えるのです。

そもそも、「人生はあっという間」です。長いと言っても、残り時間は限られています。体力があるうちから、やりたいことを始めてみましょう。これからの人生で成し遂げたいことは何か考え、実践してください。

「そうは言っても、老後のお金が心配」と思う人もいるでしょう。確かに、死ぬまでお金はかかりますから、自分が望む暮らしをするにはいくらあれば安心か、シミュレーションしてください。「不安だ、心配だ」と言うだけで無為無策なのは、現実逃避。国が悪いと嘆くのは〝責任転嫁〟ですし、子どもに面倒を見てもらおうと期待するのは〝依存心〟。団塊世代は逃げ得だ。生まれた時代が悪かったと嘆くのは、〝自己憐憫〟です。長い老後が心配なら、経済面だけではなく、終《つい》の棲家に至るまで考えておくこと。高齢だと賃貸物件は借りづらくなりますから、住む場所を見つけておくことは絶対に必要です。それこそ、通常より廉価になる事故物件でもいい。霊が怖いなどと言っていられるうちはまだ余裕がある状態。本当に窮すればどこでも住めますし、「出るなら出てみろ」と凄むくらいの気迫があれば、未浄化霊も引き寄せません。長い老後が不安というトラウマを解消するためには、こういった地に足をつけた視点と現実的な準備が欠かせません。それが「備えあれば憂いなし」ということです。

終《しま》い支度を考えた末に、「体の自由がきかなくなったら、安楽死させて」とワガママを言う人もいます。けれど、スピリチュアルな視点で見れば、安楽死は自殺と同じ。どんなに生きるのが苦しくても、寿命を迎える日まで、生き抜くことが課題です。途中放棄したら、また次に再生したときふり出しに戻って、今と同じ苦しみを味わうことになってしまいます。

長生きしたらしただけ、そのぶんの喜怒哀楽があるでしょう。けれど、前世では、これほど長くは生きられなかったのです。長生きできる可能性がある時代を選んで生まれてきたのも、あなたの意思。だからこそ、最後の最後まで思う存分満喫し、生き抜かなければなりません。

生まれてきた理由……………　**この世を去る瞬間までやりたいことをやり尽くし、最後まで満喫して生き抜くため**

家系的にも癌で死ぬケースが多く、いつ癌になるか考えると怖くて眠れない

トラウマ69

癌《がん》になるのが怖い

現代は2人に1人が癌に罹《かか》る時代。確率的に言えばいつ誰が癌になっても不思議ではありません。それでも、癌＝死というイメージがつきまとうのでしょうか？「癌になるのが怖い」というトラウマを抱えている人が多いようです。

スピリチュアルな視点で見ると、癌に限らず、どんな病気にも罹る理由があります。大きくわけて、過労や不摂生からくる「肉の病」、自分自身の思いぐせを見つめるために得る「運命の病」、そして、寿命にかかわる「宿命の病」。現世だけではなく、前世からのトラウマが「病」という形で表われることもあるので、病を得たときは、自分と向き合う必要があります。

病気を「災い」と受け止める人が多いですが、スピリチュアルな観点から言えば、「たましいの表現のひとつ」に過ぎません。確かに、病気になれば治療にお金

もかかり、肉体的にも痛みを伴いますから苦しいでしょう。ですが病気は肉体のある現世にしかないもの。その不自由をも乗り越える幸せを知るために、この物質界に生まれてきたのです。

それなのに、嫌だ、怖いと恐れるばかりでは、「万里の長城が見たい」とわざわざ旅に出て、いざ階段を前にして「上るのは嫌」と言っているのと同じ。自ら望んだのに、向き合わないのはおかしいし、もったいない話なのです。

ですから、もし仮に癌を告知されたら、現実的な治療と並行して、深く内観することが大切です。体のしこりと同様に、自分の心にもどこか凝り固まったところがなかったか、頑固さやクヨクヨ思い悩むところがなかったかを見つめるのです。

まれに、大病から奇跡的に生還を果たし、後に「あの病があったから、人生観が180度変わった」と感じるようなケースもあります。寿命が延びた、命拾いしたと思うかもしれませんが、実はそうして命を永らえることをも、あらかじめ自ら選んできています。

「癌になるのが怖い」というトラウマを持つ人は、闘病中の痛みや苦しみに耐えられるか不安だったり、家族や大切な人たちのことが心配だったりするかもしれません。実際、幼い子を遺していく場合などは、心残りもあるでしょう。

ですが、死んでも絆が切れるわけではありません。死はただ肉体がなくなるだけのことで、たましいは永遠。生まれる前にいたたましいのふるさとに里帰りするだけのことですから、何も恐れることはないのです。

それでも「死」を恐れるのは、なぜでしょう。実はこれは大切なポイント。もし怖くなかったら、人は自堕落になります。好きなだけ食べ、酒を飲み、遊び、したい放題して、好き勝手に生きてしまいかねません。それで乱れた生活をして命を縮めたり、自ら死を選んだりしたら、カリキュラムの途中放棄になりますから、そうしないためのストッパーとして、生まれてくる際、たましいに「死に対する恐れ」が組み込まれているのです。

ただ、あまりに恐怖感が強すぎる人は、生まれてくるときでさえ相当怖かったのだと想像してください。たとえれば、地方出身者がふるさとを去って、上京するようなもの。上京するときには勇気がいったでしょう。こういう人は、いざ全部を引き上げて田舎に帰る段になると、それはそれで相当な覚悟がいるはずです。それと同じで、死は、たましいにとって〝懐かしいふるさと〟への帰郷であるにもかかわらず、どうしても「怖い」と感じてしまうのです。

耳が痛いかもしれませんが、癌を恐れるトラウマを持っている人は、共通して、**前世で向き合わないといけないことから逃避しています。「もっとこうしておけばよかった」「もっとやっておけばよかった」と、何かしら悔いを残してこの世を去ったのです。だからこそ、「今度こそは後悔しないよう、最後までやり遂げたい」と願い、生まれてきました。**

癌はうまく治療で痛みなどをコントロールできれば、「死期が大体わかる」病気でもあります。そう考えると、残りの人生で、自分のやるべきことをやり遂げるチャンスを与えられたとも考えられます。私自身、死期を悟りながら、残り時間を充実させるべく、会いたい人に会って、旅もして、立派に旅立った人を何人も知っています。癌をいたずらに恐れるより、「前向きに生きる課題」ととらえたほうがいいでしょう。

生まれてきた理由……………**今度こそは後悔しないよう、「逃げずに最後までやり遂げたい」と願ったため**

トラウマ70

明日が不安でたまらない

地震、台風や豪雨、疫病など、自分ではどうにもできないことで急に命を絶たれる不安

ここ数年だけを振り返っても、天災が続き、ある意味、日本国中が「被災地」となっています。また、疫病のパンデミックもあって、世界中どこにいても不安な時世です。病気などと違い、こうした自然災害や事故などである日突然命が尽きたり、そこまででなくても、家を失ったり、仕事を失ったり……と、人生が激変することは起こり得ます。そういう事態に陥ることを、誰でも少なからず不安には感じるもの。ですが、それが度を越し、正気でいられないほど怖い場合、そこには前世から持ち越したトラウマがあります。

以前、公演に来られた若い女性が「雷がものすごく怖く、雷が鳴るとガタガタ震えてしまうほどだ」と悩んでおられ、公開相談で答えたことがありました。この女性は、雷だけではなく、大きな音や強い光も全部苦手。極度の恐怖心を持っていま

した。そこで霊視をしてみたところ、前世で雷に打たれて亡くなっていたことがわかったのです。私は事実を伝えたのですが、その女性が後日別の公演にいらっしゃって、「徐々に雷が怖くなくなった」と教えてくれました。そうなのです。不思議なもので、前世で起きたことがもとで恐怖心を抱いていると理解できると、恐怖や不安という感情が薄れ、乗り越えられるのです。「霊能者ではないから、自分では前世なんてわからない」と思うかもしれませんが、強い恐怖心や不安を抱く出来事は、前世に関わっている可能性があるとみていいでしょう。命を落とすまでには至らずとも、ケガをするなど、何かがあったと考えられるのです。

前世に由来するトラウマだった場合、ある事実を伝えたいと思います。雷だけではなく、地震や水害、疫病などが異常に怖い人は、まずもって同じ原因で命は落としません。前世ですでに経験していますから、再び同じテーマで学ぶ必要がないからです。だから、どうか安心してください。

前世という軸で「トラウマ」を分析しましたが、こういった不安を感じる場合、ほかにも理由はあります。なんでもかんでも「前世の出来事が原因」と決めつけ、言葉は悪いですが、前世に逃げるのもまた問題。冷静に自分はどのケースなのかを内観して、自分を知ること。それが今生で別のトラウマを作らないためにも必要です。

2つめのケースは、メッセージ。たとえばあなたが何か思い悩んでいるときに地震が起きたなら、それは「足元を見つめなさい」という啓示。地に足をつけないまま過ごしていた〝思いぐせ〟に対する警鐘です。

もうひとつあるのが、「厄落とし」。たとえば、水害で家が流されるというつらい出来事があったとしましょう。スピリチュアルな視点で見ると、何かを失うという形で先に代償を払い、厄落としをしたととらえられるのです。負があれば正があり、正があれば負がある。このように、何事にも〝パワーバランス〟が働きます。

これからお伝えすることは、霊的真理を深く学んでいないと理解が難しく、ともすると、厳しく聞こえるかもしれません。

災害や疫病で命を落とした場合、物質的価値観では「かわいそうな死に方」に見えることでしょう。しかしながら、霊的価値観では、亡くなり方による幸・不幸の差はありません。与えられた寿命をまっとうし、生き抜いて〝たましいのふるさと〟へ帰ったなら、向こうで「お帰りなさい」と温かく迎えてもらえるのです。決して不幸なことではないと、心にとめておいてください。

急に命が終わったら……と不安でたまらなくなる人は、突然命が絶たれるという前世の経験があるため、今でも強い不安や恐怖心がわいてくるのです。でも、「同じことはまず起きない」と理解しましょう。こういう恐れを抱くたましいがこの世に生まれてきたのは、まさにこの事実を知って、恐怖心を克服し、自分の人生をその足でしっかり歩むためなのです。

ただ、天災などに対して、現実的な備えは常にしておいたほうが安心なのは確か。いたずらに明日が不安だと恐れるくらいなら、衣食住と医療、この4つを万全に整えておくことです。なかでも、「食」は重要。食料自給率が低い日本ですから、いつ食糧難が来てもおかしくはありません。慎ましやかでもいいのです。私は熱海の地で野菜などを自ら育て、畑仕事もしていますが、自然に生きる暮らしをしていれば、一日なんてあっという間。不安だなんだと悩んでいる暇もありません。丁寧に暮らせば、恐れは霧散し、充実した毎日を送れます。

生まれてきた理由……恐怖を感じる出来事は繰り返されないと知り、今の人生を充実させるため

トラウマ71

自分の正しさを人に押し付けてしまう

自分にとっての正義、正しいことに従わない人を見ると、猛烈に腹が立つ

何かにつけて自分の正しさを前面に押し出し、それを無視する人を見ると腹が立つ。そういう人がいます。飲食店でオーダーしたものが、店側のミスでいつまでたっても出てこない。たったそれだけのことで「けしからん！」とキレて店員に食ってかかる。あるいは、足並みそろえて守らなければならない取り決めを誰かが少しでも破っただけで、憤怒《ふんぬ》するタイプです。この手の人は、度が過ぎると相手に対して〝私刑〟を下すこともあります。

このように、自分にとっての正義を貫くためには手段は問わず、感情任せに行動してしまう「トラウマ」は何か。実はそこにあるのは、家庭的な不幸や理不尽な思いを抱えた過去です。親子間や家族間に不和があり、ちゃんと育ててもらえなかったり、毒親だったりする場合があります。

ミュージカル『レ・ミゼラブル』を題材にとって説明しましょう。この物語のなかに、ジャベールという刑事が登場します。彼は元々、主人公のジャン・バルジャンがパンを盗んだ罪で長く服役していたときの刑務官でした。バルジャンは、仮釈放後、名前を変えて生き直し、やがて市長になりましたが、ある出来事がきっかけで、再びジャベールに追われる身に。そして、物語の後半、皮肉なことにバルジャンに命を救われたジャベール。「バルジャンは悪で、自分は善」と信じてきたのにそれが崩れ、自らの正義を貫けなかった葛藤から、川へ身投げしてしまいます。

実はジャベールには、親が罪人で「監獄で生まれた」という過去が。警官としての責務から犯罪者を追っていただけではなく、罪を憎む動機が別にあったわけです。

フィクションではありますが、ここに学びがあります。自分の親に対する憎しみが「罪を憎むこと」にすり替わっている。要するに、自らのトラウマがもとで、バルジャンへの強い執着が生まれたと、私は読み解いています。

この物語に描かれていることは、実際の家族間でも起こります。もし、あなたが自分の正しさを周囲に押し付けてしまったり、「あの人は間違っている！」と、猛烈に腹が立ったりするなら、家族に対する怒りや憎しみ、理不尽な思いをした経験がないか、生い立ちを振り返ってみてください。『レ・ミゼラブル』のように大きな出来事ではなく、たとえば、きょうだいでいつも比べられたといった出来事がトラウマになり、それが引き金で「人が許せない」という思いに転じていることもあります。そのきっかけは、「子どもの頃、お姉ちゃんのおやつのほうが多かった」というくらいのささいなことかもしれません。それがずっとくすぶっていて、職場でちょっとでも上司に媚びる同僚を見ただけで「あの人、ズルい！」と怒りがわいてしまう。そんなふうに、過去の出来事と結びついて、正義をふりかざしてしまっている可能性があるのです。

もし、今生での出来事に思い当たるところがない場合は、前世での同じような経験が尾を引いているのでしょう。

難しいのは、わけもなく難癖をつけているわけではなく、確かに「正しいこと」を言っている場合があるという点。ルールを破った人に対する怒りなら、「言っていることは正しい」わけです。けれど、そこでとる行動がエキセントリックだと、あまりに扱いづらく、人が離れていってしまうこともあります。私はこの手のちょっと極端な人が嫌いではありません。むしろ、うまく付き合っていけるタイプです。なぜなら、そのツボがわかるから。こういうトラウマを癒し、克服するには、とにかく人との出会いが重要です。私なら、「あなたの言っていることはその通り」と同調したうえで、「でも言い方がね……。それではあなたが損するだけだよ」とやんわり諭します。こちらから相手の懐に入っていけば、頑《かたく》なだった心も、雪が解けていくように少しずつ軟化していくでしょう。

このトラウマを持っている人は、人間関係のなかで人から愛され、理解されたくて生まれてきています。過去に感じた理不尽な思いを癒し、自分のことを肯定してくれる人に出会いたい。たましいは、そう願っているのです。その願いが叶い、理解してくれる人と出会えれば、トラウマは癒え、他者も許せるようになります。

表現の仕方に難があるだけで、基本は「いい人」も多いのです。波長が低いというより、波長が荒い。それを修正していくためにも、愛情を持って接してくれる人を見つけましょう。人こそが、トラウマを解消する希望となるでしょう。

生まれてきた理由……………… **他者から理解され、愛される経験と感動を味わうため**

あとがきにかえて

本書の中で、まだ触れていないトラウマはあります。たとえば、地震がくるのが怖い、死ぬのが怖いといったトラウマです。しかし、今回はあえて、ここまでにとどめ、またの機会により深くお話しできればと考えています。ひとつだけ断言できることは、どんなことも起きるときには起きます。死に関しては、生まれた以上は誰もが通る道であり、恐れることではありません。

しかし、こうした問題は、本当の意味でスピリチュアリズムについての理解が深まっていかない段階では、正しく伝わりきらないことがあると感じています。それぞれの学びの状況に応じて、受けとり方がまったく違ってくるからです。まずは、本書を人生の折々に読み返して、ご自身のトラウマを癒すところから始めていただければ幸いです。

この世に生まれてきた理由がわかるときがくれば、今あなたを苦しめているトラウマも、雪が解けるように消えていくでしょう。冬が過ぎれば春がくるように、闇を知ったぶん、必ず光は注がれます。トラウマというのも、この現世という仮の舞台を彩る装置のひとつです。

あなたが〝役者〟として人生を演じていることは、ここまでにもお話ししてきました。しかし、時には舞台を降りて、客席から演技を見てみることも必要です。冷静な分析をすることで、あなた自身の人生の目的がもっともっとクリアに見えてくるはずです。どこがいけないか、自分で自分にダメ出しもできる。スピリチュアルな哲学を持つことは、言うなれば〝客席に座ること〟。どんな問題が起きたときでも、〝客席〟から客観的に見る視点を持ってさえいれば、自分自身の力で解決する術《すべ》を見出せるものなのです。

スピリチュアリズムについて、さまざまな著作を通して伝えてきていますが、いまだに誤解されていることもあります。私自身が法則を作ったわけではありませんし（8つの法則は、英国スピリチュアリスト連盟の「スピリチュアリスト七大綱領」をもとにしています）、私は神でも教祖でもありません。それなのに、「なんで私はこんなに不幸なんですか。憑依されているんですか？」とか「解決してくれないんですか！」と、さながら〝神様代行業〟あるいは〝神様クレーム窓口〟のように思われているような気さえしています。

私は、スピリチュアリズムの法則をもとにして生きる真理を伝えてはいるけれど、あなたの〝人生〟を代わりに生きてあげることはできないし、あなたがつまずかないようにずっと見ていることもできません。最終的には、あなた自身の力で立ち上がり、人生を生き抜いていかなければならないのです。あなた自身に「トラウマを乗り越えたい！　克服したい！」という強い気持ちがまだ生まれていない段階では、この本は厳しかったかもしれません。けれど、いつかは乗り越えるために、あなたはそのトラウマを選んで生まれてきたのです。どうか、そのことを心にとどめて、歩みを進めてください。

そうすればきっと、「あなたが生まれてきた理由」が見えてくるはずです。

文庫版あとがき

あなたは〝勝五郎再生〟の話をご存じですか？　江戸時代、ある農家に勝五郎という少年がいました。齢《よわい》八歳のこの少年には、実は「前世」の記憶があったのです。かつて住んでいた場所も覚えていて、実際にその地を訪ねると、確かに証言通りの場所に家があり、そこに前世の家族も住んでいました。やがてその家族とも親戚付き合いをするようになったという話です。

これは、作り話ではなく、実際に起こった出来事。江戸時代後期に国学者・神道家として名をはせた平田篤胤《あつたね》が、勝五郎に取材をしてまとめた文献が残っているのです。このエピソードは「前世はある」というエビデンスでもあります。こうしてきちんと文献にも残り、研究されてきたと知れば、前世は作り話や夢物語ではなく、本書で伝えてきた「前世からのトラウマ」も、より確かなものと感じられるでしょう。少し長くなりますが、ここに紹介いたします。

勝五郎はきょうだいと田んぼのほとりで遊んでいたとき、兄や姉に「もともとはどこの子どもだったのか?」と何気なく尋ねました。おかしなことを言うといぶかしんだきょうだいは、「勝五郎は覚えているのか」と聞き返します。すると勝五郎は「自分は程窪村《ほどくぼ》(現在の東京都日野市程久保)の久兵衛という人の息子で、藤蔵という名前だった」と話したのです。姉がこのことを家族に話し、さらに勝五郎から詳しく聞き出したところ、「母の名はしづ、幼いときに父親が死に、義父の半四郎にもかわいがられた。藤蔵は六歳で死んだ」と語ったのです。

「四歳くらいまでは前世のことをもっと覚えていたが、しだいに忘れてきている」としながらも、「死ぬときは苦しくなかった。山へ葬《ほうむ》りに行くときのことや、自分が入った桶が穴へ落とされたときの音は今でもはっきり覚えている。お坊さんがお経を読んでも何の慰めにもならず、家に帰って人に話しかけたけれど、聞こえないようだった。そのとき、白髪を長く打ち垂らし、黒い着物を着たおじいさんが『こちらへ』と誘《いざな》うのでついていくと、綺麗な草原に着いた。そこで花の枝を折ろうとすると、小さいカラスが出てきて脅された」と続けました。

「程窪の家にはお供え物がしてあって、食べることはできなかったけれど、温かなものはその匂いでおいしく感じられた。七月には庭火がたかれ、団子が供えてあった。その後しばらくそこで遊んでいたが、おじいさんが「あそこの家に入って生まれなさい」と言うので、おじいさんとは別れ、庭の柿の木の下に佇《たたず》んで三日間様子をうかがっていた。窓から家の中へ入り、かまどの傍にさらに三日いて、（今の）母親がどこか遠くに行くと、父と話しているのを聞いた」と。

父親いわく、その話は正月、閨《ねや》でしたこと。家が貧しいから、妻に江戸に働きに出てくれないかと言ったが、当然、勝五郎が知るはずもない話でした。（その後懐妊がわかり、勝五郎を出産。）

驚いた祖母が「程窪村の久兵衛という人を知らないか」と周囲に尋ねたところ、半四郎と親しいという老人が訪ねて来ました。「久兵衛が死んだのち、その未亡人と結婚したのが半四郎だ。久兵衛の息子は藤蔵といって、六歳で死んだ」と教えてくれたのです。実際に藤蔵は勝五郎の生まれる約六年前、文化七年二月四日に疱瘡《ほうそう》で亡くなっており、勝五郎が語るところともあまりに合致するので、この生まれ変わりの話は有名に。勝五郎は「程窪小僧」と呼ばれ、見物客が絶えず、噂を聞きつけてわざわざ立ち寄った大名までいたのだとか。

勝五郎は祖母に「程窪の家に行きたい」とせがみ、山ひとつ隔てた隣村に行くことになったのですが、祖母が「あの家か」と勝五郎に聞くと、「まだ先だ」と答え、迷う様子もなくどんどん先へ進んで、「この家だ！」と中へ入っていきました。その家の主と妻に祖母が名を問うと、「半四郎としづ」と答え、まさしくその家とわかったのでした。夫婦が、どことなく藤蔵と面ざしが似た勝五郎を抱き上げると、勝五郎は向かいの家を指し、「前はあの屋根はなかった。あの木もなかった」と告げ、どれもその通りで、一同みな驚いたそうです。

こうしたいきさつは、領主が御書院番頭（江戸幕府の将軍直属の親衛隊）に届け出た公文書として残っています。興味深いのは、産土《うぶすな》神（生まれた土地を統《す》べる神様）の存在。勝五郎が再生をする際に、「あそこの家に入って生まれなさい」と告げたおじいさんは、産土神とみられる点です。ちなみに私はよく「氏神様（今住んでいる場所を統べる神様）を大切に」と伝えています。現代では、進学や引っ越しなどで生まれた土地から離れることも多いため、必然的に氏神様を訪ねる機会のほうが多くはなるのですが、産土神は、この世へ生まれることをとりなしてくださった神様。同じように尊重すべきなのは、言うまでもありません。

勝五郎の再生は、スピリチュアルな分析でみると、「完全再生」です。前世からのたましいがそのままの状態で生まれ変わるもので、仏教で言うところの「輪廻転生」。私自身は「部分再生」説（死後、たましいはグループ・ソウルに溶け込み、そのなかの一要素が再び生まれてくる）が正しいと思っています。しかしながら、勝五郎の再生に関しては、例外的に「完全再生」が成し遂げられたとみています。幼くして亡くなったことも、完全再生をした一因ではないかと思います。

そしてなにより、霊的世界による〝デモンストレーション〟であったと言えるでしょう。くしくも今、ここにこうして残せたこともまた、霊界の計らいなのかもしれません。

こうした研究が残っていることからもわかるように、前世は確かに存在します。そして、あなたは今このときを生き、たましいのバトンを来世へとつないでいきます。今生でトラウマを癒すことができれば、あなたはつらい思いや囚われから解放されるでしょう。それだけではなく、来世に〝宿題〟を持ち越さないことになります。ひとつずつトラウマをひも解き、昇華することができれば、あなたの属する類魂（グループ・ソウル）も、浄化が進みます。

あなた自身、そして類魂のためにも、人生の折々で幾度となく本書を読み直してください。雨が大地を潤すように、いつか必ずあなたのたましいの奥底に浸透していくはずです。初めて読んだときには腑に落ちなかったとしても、時を置いて読むとスッと理解できたり、以前とは違うトラウマが目にとまったりすることでしょう。そんなふうに、トラウマに向き合うタイミングは、人それぞれ。ですから、これからも〝常備薬〟のように、この本と共にあなたの傍に寄り添い続けたいと思います。

参考文献『仙境異聞・勝五郎再生記聞』平田篤胤著　子安宣邦校注　岩波文庫

本書は、二〇〇九年八月に小社より刊行され、
文庫化に際し、一部加筆修正したものです。

|著者| 江原啓之　スピリチュアリスト、オペラ歌手。一般財団法人日本スピリチュアリズム協会代表理事。1989年にスピリチュアリズム研究所を設立。主な著書に『幸運を引きよせるスピリチュアル・ブック』(三笠書房)、『予言』『守護霊』『聖なるみちびき　イエスからの言霊』(いずれも講談社)、『あなたの呪縛を解く　霊的儀礼』『災いから身を守る　霊的秘儀』(ともに講談社ビーシー／講談社)、『江原さん、こんなしんどい世の中で生きていくにはどうしたらいいですか?』(祥伝社)、『あなたが危ない!　不幸から逃げろ!』(ホーム社)、『開運健康術』『ペットの気持ちがわかるスピリチュアル・コミュニケーション』(ともに中央公論新社)、『スピリチュアル　お祓いごはん　成就ごはん』(マガジンハウス)などがある。

トラウマ　あなたが生《う》まれてきた理由《りゆう》

江原啓之《えはらひろゆき》

講談社文庫

定価はカバーに
表示してあります

2020年9月15日第1刷発行

発行者――渡瀬昌彦
発行所――株式会社　講談社
東京都文京区音羽2-12-21　〒112-8001
電話　出版 (03) 5395-3510
　　　販売 (03) 5395-5817
　　　業務 (03) 5395-3615

Printed in Japan

デザイン――菊地信義
本文データ制作――株式会社新藤慶昌堂
印刷――株式会社廣済堂
製本――株式会社国宝社

ISBN978-4-06-520955-4

講談社文庫刊行の辞

二十一世紀の到来を目睫に望みながら、われわれはいま、人類史上かつて例を見ない巨大な転換期をむかえようとしている。

世界も、日本も、激動の予兆に対する期待とおののきを内に蔵して、未知の時代に歩み入ろうとしている。このときにあたり、創業の人野間清治の「ナショナル・エデュケイター」への志を現代に甦らせようと意図して、われわれはここに古今の文芸作品はいうまでもなく、ひろく人文・社会・自然の諸科学から東西の名著を網羅する、新しい綜合文庫の発刊を決意した。

激動の転換期はまた断絶の時代である。われわれは戦後二十五年間の出版文化のありかたへの深い反省をこめて、この断絶の時代にあえて人間的な持続を求めようとする。いたずらに浮薄な商業主義のあだ花を追い求めることなく、長期にわたって良書に生命をあたえようとつとめるところにしか、今後の出版文化の真の繁栄はあり得ないと信じるからである。

同時にわれわれはこの綜合文庫の刊行を通じて、人文・社会・自然の諸科学が、結局人間の学にほかならないことを立証しようと願っている。かつて知識とは、「汝自身を知る」ことにつきていた。現代社会の瑣末な情報の氾濫のなかから、力強い知識の源泉を掘り起し、技術文明のただなかに、生きた人間の姿を復活させること。それこそわれわれの切なる希求である。

われわれは権威に盲従せず、俗流に媚びることなく、渾然一体となって日本の「草の根」をかたちづくる若く新しい世代の人々に、心をこめてこの新しい綜合文庫をおくり届けたい。それは知識の泉であるとともに感受性のふるさとであり、もっとも有機的に組織され、社会に開かれた万人のための大学をめざしている。大方の支援と協力を衷心より切望してやまない。

一九七一年七月

野間省一